こころにとどく
歎異抄

三田誠広

武蔵野大学出版会

こころにとどく

歎異抄

はじめに

歎異抄《たんにしょう》についてては多くの本が書かれている。宗教書の古典の中で最も人気のある書物だから、解説書の類《たぐい》が出るのは当然かもしれない。しかしそうした解説書を読んで、親鸞《しんらん》の言っていることがすっきりわかったという人は、少ないのではないか。

親鸞の思想は、きわめてシンプルだ。シンプルなだけに、かえってわかりにくく、奥が深い。

善人なおもて往生《おうじょう》を遂ぐ、いわんや悪人をや……。

有名なくだりだが、何を言っているのか、よくわからない文章だ。文意をそのままたどると、善人が極《ごく》楽浄土《らくじょうど》に往生できるのだから、悪人はいうまでもないということだろうが、それでは善人よりも悪人の方が、極楽浄土に近いということになる。これは世の常識には反する考え方だ。

次の文章もよく知られている。

地獄は一定《いちじょう》、すみかぞかし。

わたしの住処《すみか》は地獄と決まっている……。これも親鸞の言葉だが、きわめて難解だ。

難解だからこそ、多くの解説書が書かれるのだろう。しかし、こういう言葉にこめられた親鸞の思いは、簡単に解説できるようなものではない。

弥陀《みだ》の誓願不思議《せいがんふしぎ》にたすけられまひらせて……。

これは歎異抄の冒頭の文章だ。ここでいきなり、「不思議」という言葉が出てくる。不思議とは、考えてもわからないということだ。

親鸞は最初から、不思議という言葉を用いて、教えを説き始める。

親鸞の言葉は、考えてはいけないのだ。

心で感じる……、それしかない。

そこでわたしは、解説書ではなく、親鸞の言葉そのものを、読者に届くように語ることはできないか、と思い立って、これまでの解説書とはまったく異なった試みをやってみることにした。

それがこの「こころにとどく」という本だ。

わたしは大学の教員もつとめているが、本業は小説家だと思っている。歴史と宗教に興味があって、これまでに、聖徳太子《しょうとくたいし》、道鏡《どうきょう》、西行《さいぎょう》、空海《くうかい》、日蓮《にちれん》といった歴史上の人物を小説で描いてきた。

そうした流れの中で、『親鸞』（作品社／二〇一六年刊）という本も書いた。

小説だから、作品の中に親鸞が登場し、セリフをしゃべったりもする。親鸞が弟子の唯円《ゆいえん》（歎異抄を書き留めた弟子だといわれている）に教えを説く場面も描いた。

そこでは、原典の歎異抄の一部が、親鸞のセリフとして語られることになった。ただし、歎異抄の原文をそのまま用いることはできない。

歎異抄の原文は、いわゆる古文という文体だ。平安時代から鎌倉時代にかけての、当時の口語に近い文章だと思われるのだが、現代の言葉とは用語も文法も異なる古い文体なので、そのままでは読者に伝わらない。

口語訳にすればいいかというと、そういうわけにもいかない。唯円は親鸞の側近のような立場にあった人物だ。それまでにも長く親鸞の教えを受けている。そういう相手に語るわけだから、基本的な説明はしない。教えの心髄《しんずい》のようなものだけが語られる。仏教になじみのない読者には、原文を口語に直すだけでは、わかりにくいだろう。

そのため、わたしが書いた親鸞のセリフは、原文に忠実な口語訳ではなく、さりげなく言葉を補ったり、文脈を変えたりした語りになっている。親鸞の思いを、どのようにして読者の心に届けるのか。そういうことを考慮してくふうをした、一種の「超口語訳」といった文体になっている。

小説の中で描いた親鸞と唯円の会話は、歎異抄のごく一部にすぎない。

その親鸞の語り口を拡大して、歎異抄の全文を語り直すことにしたら、親鸞の教えの最も大事な核心ともいうべきものが、読者の「こころにとどく」のではないだろうか。

そういう思いで、この本を出すことにした。

はたして自分の想い描いたとおりに、親鸞の言葉が読者に届くのか。とにかくやってみるしかない。

ということで、いまあなたがこの本のこのところを読んでおられるということは、とりあえず読者のお手元にこの本が届けられたことになる。どうかページをめくって、本の中身の方に進んでいただきたい。

親鸞の言葉が、読者の「こころにとどく」ことを期待しながら、あとは読者にお任せすることとなる。聞き手の「唯円さん」になったつもりで、親鸞の言葉を受け止めていただければと思う。

こころにとどく歎異抄　目次

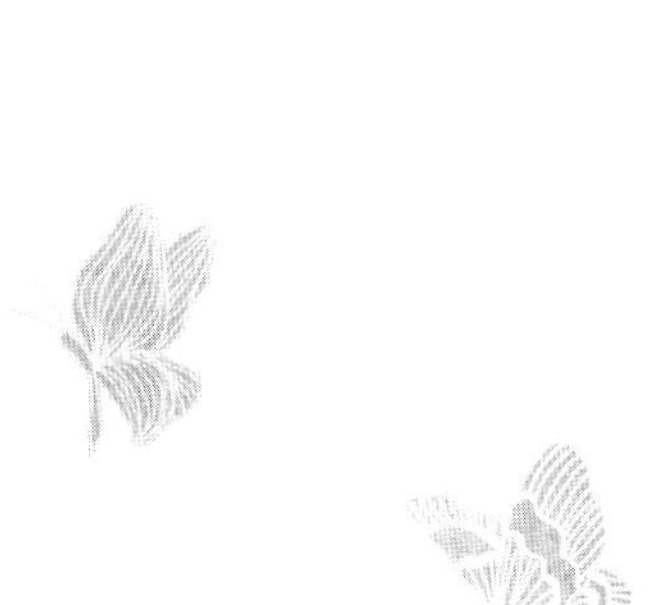

第一章

弥陀の誓願不思議に助けられ

歎異抄第一

唯円《ゆいえん》さん。一つお尋《たず》ねいたしましょう。あなたはもう一途《いちず》に念仏を唱《とな》えて、阿弥陀《あみだ》さまのご誓願《せいがん》の不思議なお慈悲におすがりしようと、覚悟されていますね。

それはどのような覚悟ですか。おそらく強い決意に支えられた、しっかりとした覚悟なのでしょうが、その覚悟の強さを、自慢するような気持でおられるのではありませんか。

よく考えてごらんなさい。あなたがそんな気持になり、一途に念仏を唱えておられるというのも、すべては阿弥陀さまのお導きなのです。ですから、自分は強い決意をもっていると、自慢してはいけません。そういうおごりたかぶった気持は、信心のさまたげになります。

阿弥陀さまのご誓願は、不思議としかいいようがありません。考えることができないというのが、不思議ということです。考えるのではなく、ひたすら信じる。このひたすら信じるということが大事なのです。信じてさえいれば、すべての人を救うという阿弥陀さまの本願によって、誰もが極楽浄土《ごくらくじょうど》に往生《おうじょう》できるという利益《りやく》を受け取ることができるのです。

その人が長く修行をしてきたのか、信心の道に入って日が浅いのか、そんなことはどうでもいいのです。善《よ》い行《おこな》いを積み重ねた人も、悪いことばかりしてきた人も、すべての人を阿弥陀さまは救ってくださいます。阿弥陀さまのご誓願の、不思議なところは、そこなのです。

悪事を重ね、煩悩《ぼんのう》に負け続けた人をこそ、阿弥陀さまは救ってくださるのですから、信心の長さとか、それまでの行いの善悪とか、そんなことにこだわらずに、ひたすら信じていればいいのです。

ひたすら信じて、念仏を唱える。それこそが、極楽往生に向かう最善の道なのです。過去に重ねた悪事のことで思いわずらう必要はありません。阿弥陀さまの本願は果てもなく大きな慈悲の心に包まれています。あなたが犯した悪など、それに比べれば小さなものですから、くよくよすることはないのですよ。

【阿弥陀さまのご誓願】

各章ごとに、短い説明をつけることにする。この章のキーワードは「阿弥陀さまのご誓願」だ。仏《ほとけ》というものは、菩薩《ぼさつ》と呼ばれる修行者《しゅぎょうじゃ》であった時代に、厳しく長い修行を積み重ねることによって、ついに覚《さと》りの境地に到達し、成仏《じょうぶつ》ということになる。

十方世界《じっぽうせかい》（宇宙）にはさまざまな仏が存在するのだが、仏には個性がある。その基礎となっているのが、修行者であった時代に立てた、こんな仏になりたいという目標のようなものだ。自らが立てた目標を達成するために、努力を重ねて、やがて仏となる。その目標の違いによって、仏の特色が決まるといってよい。

これを「誓願」、または「本願《ほんがん》」と呼ぶ。

親鸞が起こした浄土真宗《じょうどしんしゅう》の本山が、「本願寺《ほんがんじ》」という名称なのも、阿弥陀さまの本願というものが、この宗門の基本的なコンセプトになっているからだ。

さて、そもそも阿弥陀さまというのはどのようなお方なのだろうか。

仏教はいまから二千五百年ほど前に、お釈迦さまが起こした。そのことは誰でも知っているだろうが、わたしたちが親しんでいる仏教は、お釈迦さまの時代から五百年ほどのちに、一種の宗教改革によって生まれた大乗仏教だということを、確認しておく必要がある。

文字どおり、「大乗」すなわち大きな乗り物で、より多くの民衆を救うために、仏教は初期の素朴な教えから大きく脱皮して、壮大なファンタジーのような経典を次々と生み出していった。

その一つが、浄土三部経と呼ばれる、三つの経典がセットになったものだ（カッコ内は略称）。

無量寿経《むりょうじゅきょう》（大経《だいきょう》）。

観無量寿経《かんむりょうじゅきょう》（観経《かんぎょう》）。

阿弥陀経《あみだきょう》（小経《しょうきょう》）。

いずれも仏さまの名前が経典の名称になっている。なお、大乗の仏教経典も、お釈迦さまが語ったことを側近の阿難《あなん》が伝えるという、初期仏教の経典のスタイルを踏襲しているので、タイトルに「仏説《ぶっせつ》」という語がつくこともある。この場合の「仏」というのは、お釈迦さまのことだ。

阿弥陀というのは、梵語《ぼんご》（サンスクリット語）のアミターバ（意味は無限の光）、またはアミターユス（無限の時間）を、わたしたちがカタカナで表記するように、似たような音《おん》をもつ漢字を並べて表記したもの（音写という）で、「阿」「弥」「陀」というそれぞれの文字に意味があるわけではない。

アミターバやアミターユスという梵語には、意味がある。その意味を漢語に訳したものに、「無量光」「無得光《むげこう》」「不可思議光」などがあるが、「無限の時間」という意味から「無量寿」とお呼びすることもあり、それが経典の名称になっている。

そういうことなので、浄土三部経の経典の名称の、「無量寿」と「阿弥陀」は、まったく同じことで、阿弥陀さまを指している。

なお、絵や仏像で表現される阿弥陀さまのお姿は、後光として何十本もの光の線が描かれる。それもお名前に「無量光」すなわち「無限の光」という意味合いがあるからだ。

この放射状の線に横線を入れて籤《くじ》にしたものが、室町時代から普及していたので、放射状ではなく縦線になったものも、いまは阿弥陀クジと呼んでいる。

浄土三部経の三種の経典には、それぞれに特徴がある。

阿弥陀さまの本願が詳しく語られているのが「大経」、お釈迦さまがこの教えを説かれた経緯が書かれているのが「観経」、そして阿弥陀さまの仏国土である西方極楽浄土《さいほうごくらくじょうど》のようすが簡潔に記されているのが「小経」だ。

従って、阿弥陀さまの本願を知るためには、大経と呼ばれる無量寿経をひもとく必要がある。

阿弥陀さまも、かつては修行者だった。この修行者は、法蔵菩薩《ほうぞうぼさつ》と呼ばれている。

大乗仏教の世界観は、わたしたちの通常のリアルな認識を超越している。大乗仏教の世界観では、世界は無限に存在する。お釈迦さまの教えを受けたわたしたちの世界（娑婆《しゃば》と呼ばれる）は、その一つにすぎない。

この宇宙（仏教では十方世界ということが多い）にはさまざまな仏がいて、その仏を中心とした仏国土《ぶっこくど》がある。それぞれの仏は、修行者であったころに、目標を設定して、その目標に向かって努力を続ける。たとえば東方浄瑠璃《じょうるり》世界という仏国土をもつ薬師仏《やくしぶつ》は、十二の誓願を立て、長く修行を続けた結果、その十二の誓願がすべて実現した世界を造ったとされる。

十二の誓願の中の六番目に、諸根具足《しょこんぐそく》（生まれつきの不自由や病気を癒す）、七番目に、除病安楽《じょびょうあんらく》（病気を除き安楽をもたらす）、といったものがあるところから、病で苦しむ人々に信仰されるようになった。

それでは法蔵菩薩はどのような誓願を立てて、阿弥陀さまと呼ばれるようになったのか。

法蔵菩薩の誓願は四十八もある。あまりにも多いので、そのすべてをご紹介することはできないが、四十八の誓願のすべてが達成されないと、自分は成仏しないという固い決意が、この誓願には示されている。

五劫《ごこう》という途方もなく長い年月の果てに、四十八の誓願は達成され、法蔵菩薩は阿弥陀仏となった。

その阿弥陀仏の仏国土が、西方極楽浄土と呼ばれる世界だ。そこは金銀ダイヤモンドなどに包まれた美しい場所で、あたりには芳香《ほうこう》が満ち、天から美しい花が降ってくる夢のような世界だ。そこに住む人々には何の悩みもなく、生きながらすでに成仏している。

そこに生まれ変わる（往生する）ことができれば、誰もが成仏できるという、何ともありがたい世界だ。

では、どうしたらその極楽浄土に往生することができるのか。

親鸞は四十八の誓願の中の、第十八願に注目した。

その第十八願には次のような言葉が記されている。

「もしわたしが覚《さと》りの境地に到達したとしても、すべての人々がわたしの誓願を心から信じ、わたしの世界に往生したいとわが名を念じているのに、往生することができないのだとしたら、わたしは仏にはならない」

ここでは、心から信じることと、念仏するということが強調されている。

念仏というのは、本来は心の中に、阿弥陀さまのお姿を観想するということで、心の中でひたすら思いを集中させるというだけでもよいのだが、多くの人々にとっては、ただ黙って思いを集中させるよりも、阿弥陀さまのお名前を唱えた方が、思いが集中しやすいことから、称名念仏《しょうみょうねんぶつ》が奨励《しょうれい》されるようになった。

南無阿弥陀仏《なむあみだぶつ》。

そんなふうに唱えるだけでいいのだ。

念仏を唱えなさい。

親鸞の教えは、それに尽きるといっても過言ではない。

けれども、念仏さえ唱えていればいいと言われても、すぐには信用できないというのが人情というものだ。

念仏は一回だけでいいのか。回数が多い方がいいのか。百万遍《ひゃくまんべん》ほど唱えないといけないのか。いろいろと疑問がわいてくる。

親鸞は比叡山延暦寺《ひえいざんえんりゃくじ》で二十年間、修行の日々を送った。

比叡山ではさまざまな修行をする。その中に、常行三昧《じょうぎょうざんまい》というものがある。

阿弥陀仏を安置した堂の中を、念仏を唱えながら徹夜で歩き続ける。横になって寝ることは許されない。疲れてきたら、天井から下がっている綱《つな》につかまって、立ったまま眠る。こういう念仏の修行を、九十日間も続ける。まさに苦行であり、荒行ともいえる修行を、親鸞は体験している。

親鸞が弟子に伝えた念仏は、そのような苦行ではない。

念仏の回数も、多いほどよいというものではない。一回だけでもいいし、声を出さなくてもいい。

阿弥陀さまを信じ、阿弥陀さまにすがる気持があれば、それでいいのだ。

これは理屈ではない。

だからこそ、「不思議」というしかないのだ。

第二章

地獄は一定すみかぞかし

歎異抄第二

唯円《ゆいえん》さん。あなたがたは遠い常陸《ひたち》の国から、十いくつもの国ざかいを越えて、この京においでになりました。命がけの旅だったでしょうね。それだけ強い志《こころざし》をもって旅を続けられたのだと思います。わたしに会えば、極楽往生への道なり、奥深い経典の言葉など、新たな教えを聞けるのではと期待されてのことでしょうが、残念ながら、そのご期待におこたえすることはできません。教えの言葉を聞きたいのであれば、比叡山《ひえいざん》にも、古都の奈良にも、優れた学僧の方々がおられます。新たな教えをお求めなら、そういう方々のところに行かれればよろしいでしょう。わたしはただ、念仏を唱えて、阿弥陀さまにおすがりするということを、師の法然上人《ほうねんしょうにん》から受け継いだだけで、それ以外のことは何も知らないのです。

念仏さえ唱えていれば、必ず極楽浄土に往生できるというのは、まことのことなのか。念仏を唱えているのに地獄に落ちるということはないのか。そのことも、わたしは知らないのですよ。

わたしはただ師の言葉を信じているだけです。もしも法然上人の言葉が嘘《うそ》で、それにだまされた自分が地獄に落ちたとしても、わたしは少しも後悔《こうかい》することはありません。

なぜかといえば、ほかの修行で地獄から逃れる方途《ほうと》を知っていたのに、法然上人の言葉を信じたばかりに、地獄に落ちたということであれば、後悔することもあるでしょうが、念仏のほかに何も知らないのですから、わたしにとって、地獄というのは自分の定まったすみかのようなものです。地獄に落ちたとしても、来るべきところへ来たと思うだけのことです。

阿弥陀さまの本願《ほんがん》というものを、わたしは信じるしかありません。阿弥陀さまの本願がまことのことであれば、そのことを語られたお釈迦さまの言葉に嘘はないことになります。だとすれば、浄土の教えを説かれた善導《ぜんどう》さま（中国の高僧）の言葉もまことのことであり、法然上人の教えも真実だということになりましょう。すべてが真実であるならば、この親鸞の言葉にも嘘いつわりはないということになります。

愚かなわたしの信心とは、それだけのことです。わたしの言葉を信じて念仏を続けられるもよし、念仏を捨てられるもよし、あなたがたひとりひとりのお考えに任せていただければよろしいのです。

【親鸞の弟子たち】

親鸞には数多くの弟子がいる。親鸞自身は「弟子」とは呼ばず、浄土に向かってともに進んでいく仲間だということで、「同行《どうぎょう》」という言い方をしていた。しかし多くの弟子がいたことは事実なので、ここでは「弟子」ということにしておく。

親鸞は法然のもとで学んでいたころ、宇都宮頼綱《うつのみやよりつな》という武士と知り合いになった。法然のもとには、歌舞伎などでもおなじみの熊谷直実《くまがいなおざね》をはじめとして、多くの東国武者が集まっていた。源平合戦の直後の時期で、武者の多くは合戦の中で人を殺すこともあったのだろう。地獄に落ちるのではないかという恐怖があったはずだ。

宇都宮頼綱は、歌人の藤原定家《ていか》とも交流のあった文化人で、頼綱が京の小倉山《おぐらやま》に山荘を開いた時、ふすまに貼る色紙を定家に依頼したのが、小倉百人一首のもとになったといわれている。その苗字《みようじ》からもわかるとおり、領地は下野《しもつけ》（栃木県）の宇都宮にあった。

越後《えちご》に流刑《るけい》となっていた親鸞が、亡くなった法然の墓参りの短い滞在を除いては京には戻らず、東国で教えを説くことになったのは、宇都宮頼綱の要請と支援があったからだと考えられる。

東国に赴いた親鸞が最初に拠点としたのは、常陸《ひたち》（茨城県）の下妻《しもつま》だった。筑波山《つくばさん》の西麓《せいろく》にあたる穏やかな気候の土地で、鬼怒《きぬ》川や霞ケ浦《かすみがうら》を利用した水運の盛んな場所だった。宇都宮頼綱は近隣の武士と姻戚《いんせき》を結ぶことで、常陸にも勢力を伸ばしていた。

親鸞がこの地を拠点としたのは、法然の弟子でもあった一番弟子の性信《しょうしん》が、鹿島神宮の神官の子で、そこで必要な経典の筆写を入手できたからだ。

当時は本地垂迹《ほんじすいじゃく》という思想が広まっていて、日本の神々も仏教の菩薩や天と呼ばれるインドの神々の仲間だと考えられ、神社の境内には寺院が併設されていた。平家が推進した日宋貿易で、木版刷りの宋版一切経（大蔵経《だいぞうきょう》とも呼ばれる経典の全集）が大量に輸入されていたので、大きな神社には経典が揃っていた。

親鸞は流罪となって越後に赴いたので、経典の類を持参することは許されなかった。もちろん浄土三部経の主要な部分は暗記していたのだろうが、教えを説くためにも、自分自身の勉学のためにも、必要な経典は手元に保有しておきたかったはずだ。

のちに親鸞は拠点を下妻の北にあたる稲田《いなだ》に移す。稲田神社の敷地に隣接した場所に家族とともに住んだ。

水運があるとはいえ、下妻から鹿島神宮に通うのは時間がかかりすぎる。必要な経典を性信に指示すれば、神宮の社僧の助けを借りて写本が届いたのだろうが、一切経がつねに手元にあればさらに便利だ。

おそらく宇都宮頼綱が稲田神社に一切経を寄贈し、親鸞の住まいの手配もしたのだろう。

稲田は常陸の海岸と下野を結ぶ街道の要所で、親鸞はこの拠点から、さまざまな土地に赴いて教えを説くことになった。

ことに真仏《しんぶつ》という弟子が寺を構えていた下野の高田《たかだ》は、第二の拠点といっていいほどに、しばしば滞在することになった。

この寺は信濃《しなの》（長野県）の善光寺《ぜんこうじ》の秘仏の模造品《もぞうひん》を本尊としていたようだ。当時は善光寺の聖《ひじり》と呼ばれる勧進僧《かんじんそう》（寄進を求める僧）が東国を巡回していた。背中の笈《おい》の中には善光寺で秘仏とされている阿弥陀三尊像の小さな模造仏が入っていて、それを信徒に拝ませて寄進を求めた。

阿弥陀さまを信仰するという点では同じなのだが、念仏よりも、仏像崇拝を主とするもので、ひたすら念仏を唱える親鸞の教えとは、趣《おもむき》が違っている。真仏はそうした信仰を捨て、親鸞の弟子になったのだが、この寺の信徒たちのすべてが、親鸞の教えに傾倒したわけではない。そのため、高田門徒と呼ばれるこの宗派は、独特の信仰をもっていたのではないかと考えられる。

親鸞の一番弟子で側近でもある性信にしても、鹿島神宮の出身なので、神道のなごりを心の中のどこかに引きずるところがあったのかもしれない。

また、親鸞を襲撃しようとしたというエピソードで知られる弁円《べんねん》（明法《みょうほう》）は、修験道《しゅげんどう》の行者《ぎょうじゃ》だった。すでに多くの弟子をかかえていた人物なので、親鸞の弟子になっても、その門徒には、修験者がいたのではないかと思われる。修験者というのはいわゆる山伏《やまぶし》で、陀羅尼《だらに》と呼ばれる呪文による祈祷《きとう》で病魔を退散させたりする。現世利益《げんぜりやく》という趣《おもむき》が強い宗派だ。

そのように、親鸞の弟子たちは多様な過去をもっている。

親鸞は六十歳を過ぎたころに、東国での布教活動を終え、生まれ故郷の京に帰った。亡くなったのは九十歳だから、京に戻って以後も、東国から弟子たちが親鸞を訪ねてくることが多かった。

唯円も仲間たちと連れだって、長い旅をして京にたどりついた。

唯円としては、親鸞が帰郷したあと、親鸞の弟子たちが東国の各地で教えを説いているうちに、弟子たちの出自や、独自の解釈によって、親鸞の教えが、少しずつずれて伝えられていることを懸念して、親鸞の真実の教えを確認するために、どうしても親鸞に会いたかったのだろう。

「歎異抄」というタイトルに、唯円の懸念が凝縮されている。数多くの異説が生じて収拾がつかなくなった東国のようすが、この言葉に示されているようだ。

その唯円に対して、教えることは何もないと語る親鸞の語り口にも、親鸞の教えの心髄が見えるように思われるのだが、長旅をして京にやってきた唯円は、それでは満足しなかったはずだ。

だからこそ、唯円は京にとどまって、親鸞の側近となり、より多くの言葉を書き留めることになるのだ。

第三章

善人なほもつて往生をとぐ

歎異抄第三

誰の助けも要らぬというほどに節制をして、自分に厳しく修行に努めている「善人」にも、阿弥陀さまはいよいよとなれば救いの手を差し伸べてくださいます。そんな「善人」でも救われるくらいですから、心が弱く自分ではどうしようもなく悪を重ねてしまう「悪人」は、心配しなくても阿弥陀さまは真っ先に救いの手を差し伸べてくださいますよ。

世の中の人はこのことをまったく反対に考えて、こんなふうに言うでしょう。悪人でも往生できるのだから、善人はなおさら往生できるはずだ……と。理屈としてはとおっているようですが、わたしがつねづね言っている他力本願という趣旨からすれば、まちがった理屈と言わねばなりません。

なぜかと言えば、比叡山の修行者のように、強い決意をもって厳しい修行に打ち込み、善きことをなそうと意気込んでいる人は、自力《じりき》で何とかしようと思い込んでいるので、阿弥陀さまに無心におすがりする気持がありません。自分を善人だと考えている人は、信心がうすくなりがちです。自力を捨て、他力《たりき》に頼る。そういう素直な心がけが、極楽往生につながるのです。

わたしたちは煩悩《ぼんのう》のかたまりのようなものです。少しばかり修行をしたり戒律を守ったりしたところで、地獄に落ちるのではという恐怖からは逃れられません。そういうどうしようもない人々を憐《あわ》れんで、阿弥陀さまは、すべての人々を救うという途方もない本願をもって、長く厳しい修行を重ねられたのです。その厳しい修行を何のためにされたかといえば、ひたすら悪人を救いたいという思いからなのです。ですから、他力に頼るしかない悪人こそは、もっとも極楽に近い人だといえるのです。

阿弥陀さまは、すべての人々を救うという本願をおもちですから、自力で何とかできると思い込んでいる傲慢《ごうまん》な人でも、お救いくださいます。まして、無心に他力にすがる素直な人を阿弥陀さまがお救いにならないなどということはありえないのです。

【悪人正機説】

悪人の方が極楽浄土に近い。

これが親鸞の教えの最も重要なポイントだ。同時に、誤解を受けやすいポイントだともいえるだろう。

六十歳を過ぎた親鸞が京に戻ったあと、東国では弟子たちが布教を続けたのだが、その結果、さまざまな宗派が発生することになった。

とくに問題となったのが、悪人正機説と呼ばれる、悪人の方が救われやすいという考え方だ。もしも悪人の方が極楽浄土に近いというのなら、どんどん悪事を重ねた方が、極楽浄土に近づくことになるのではないか。そうした考えを造悪無碍《ぞうあくむげ》というのだが、これは法然や親鸞の弟子たちの間に生じる、避けがたい難問だといっていいだろう。

造悪無碍を主張して悪事を重ねる弟子が出てくると、その宗派は社会から批判されることになる。そのことを心配して、罪悪を重ねたものは教団から排除する宗派も出てくる。それもまた問題だと言わねばならない。

どこまでを許容範囲とするかによって、宗派の考え方に違いが出てくることになる。

唯円《ゆいえん》が京の親鸞を訪ね、歎異抄という聞き書きをまとめたのも、このことに関する親鸞の考えを聞きたかったからだろうと思われる。だが、親鸞は明確な回答を出したわけではない。この程度の悪なら許されるが、ここから先は救いがたい、といったガイドラインがあればわかりやすいのだが、親鸞はそういう言い方はしない。

親鸞が言っているのは、自分のことを善人だと思い、それで安心しているような傲慢な人物に対して、ひとりよがりの慢心をいましめるということで、けっして悪を重ねた方が極楽に近いということではないのだ。

常識的な分別さえあれば、自明のことだろう。

悪人が救われるという部分だけを拡大解釈して、悪を重ねた方がいいというのは、屁理屈にすぎない。そもそもそんなふうに理屈で解釈しようとすること自体が、阿弥陀さまの救いの手から遠ざかることになる。

それにしても、この悪人正機説は、誤解されやすい考え方であることは確かだ。親鸞の教えだといって、わざと悪を重ねるような行為を、「本願ぼこり」ということがある。犯罪を犯さないまでも、大酒を飲んで体を壊す人が出てきたりする。そういう心の弱い人でも極楽往生できるというのが、親鸞の教えの趣旨だが、生きているうちに病気になったのでは、楽しい人生とはいえないだろう。

阿弥陀さまは現世利益はもたらしてくださらない。ただ、死後の不安がなくなると、ストレスから解放されて、元気になるということはある。ストレスがなくなれば、暴飲暴食する必要もない。安堵《あんど》して穏やかに生きる。そういう生き方ができれば、本願ぼこりといったものとは無縁の、健全な生き方ができるだろう。

親鸞が言っているのは、社会を生きるためには、法律を守ったり、ある程度の節度は必要だが、禁欲を推し進めると、禁欲することで安心してしまう「善人」が増えることになる。節制をしているからといってそれで安心し、傲慢《ごうまん》になってはいけませんよということなのだ。

東国に親鸞がいたころは、親鸞の目が行き届いていて、不摂生をするような信徒はいなかったのだろうが、親鸞が帰京したあとに、屁理屈で人を惑わす者が出てきて、混乱が起こった。

親鸞の弟子たちは、のちに二十四輩と呼ばれるようになる。もともとは二十余輩と表記され、およそ二十人ほどの弟子、というくらいの意味だったのだが、何でも番付にしたがる江戸時代の木版印刷の業者が、親鸞の弟子に順位をつけ、二十四人に限定した上で、その拠点となる寺をリストアップしたものが広まった。観光案内とか、名所めぐりのガイドブックとして、そのようなリストが作られたのだろう。

第一は最初からの側近だった、鹿島神宮出身の性信《しょうしん》で、拠点は下総《しもうさ》（千葉県）の横曽根《よこぞね》にあった。第二は下野《しもつけ》（栃木県）の高田《たかだ》に自分の寺をもっていた真仏《しんぶつ》。第三は性信と同じく鹿島神宮出身の順信《じゅんしん》で、拠点は常陸《ひたち》（茨城県）の鉾田《ほこた》にあったといわれる。

その二十四番目に唯円《ゆいえん》という名が見えるのだが、これは鳥喰《とりはみ》の唯円という人物で、歎異抄の筆写の河和田《かわわだ》の唯円とは別人のようだ。

河和田の唯円は、二十四輩にも入っていない。親鸞の側近であったことは間違いないが、門徒といえるほどの弟子ももたなかったのだろう。世俗的な成功を求めることのない、見識の高い思想家だったのではないだろうか。

唯円は親鸞の親族からは信頼されていた。

親鸞の曽孫《ひまご》で、本願寺（浄土真宗）の実質的な開祖とされる覚如《かくにょ》（本願寺第三世）は、唯円と親交があり、唯円の影響を強く受けている。

また覚如の父の覚恵《かくえ》の異父弟にあたる唯善《ゆいぜん》は、河和田の唯円の弟子となった。

さらに、親鸞の直系の孫で、覚如によって本願寺第二世とされた如信《にょしん》も、唯円と親交があったと考えられている。

そのように、唯円が伝えた親鸞の言葉は、浄土真宗の中枢をなす人々にも伝えられていたのだが、やがて東国においては、唯円のことも、歎異抄のことも、忘れられてしまった時期があった。

異説の横行を懸念した唯円の歎きにもかかわらず、東国では性信の横曽根門徒、真仏の高田門徒など、さまざまな宗派が生じ、教えの内容の差違が目立つようになった。一方、親鸞の親族から生じた京の本願寺は、諸国への影響力を失い、親鸞の後継者たちは一時はばらばらの状態になっていた。

これを是正し、本願寺の勢力を一挙に拡大して、浄土真宗を一つにまとめたのは、中興の祖と称《たた》えられる蓮如《れんにょ》だ。

蓮如は、親鸞を開祖、孫の如信《にょしん》（父は親鸞の長男の善鸞《ぜんらん》）を第二世、曽孫の覚如《かくにょ》（祖母が親鸞の末娘の覚信尼《かくしんに》）を第三世とする系図では、第八世にあたる。

十五世紀の人なので、戦国時代のまっただ中を生きた人物だ。蓮如が率いる本願寺派の勢力は、一向宗《いっこうしゅう》と呼ばれ、各地の国衆《くにしゅう》と呼ばれる小領主を巻き込んでいった。

国衆というのは土地に根ざした地侍《じざむらい》のことで、守護大名や戦国大名の配下に置かれていたのだが、次々と新興勢力が生じる戦国時代にあって、どの大名に属せばいいのか、困惑することが多くなっていた。

そこに一向宗という、宗教を通じた連合が生じ、各地で大きな勢力となっていった。

三河《みかわ》（愛知県）の矢作川《やはぎがわ》流域や、伊勢（三重県）の長島などで、一向宗の反乱が起こった。加賀ではついに一向宗の勢力が守護大名を倒して、本願寺が一国を支配するという事態になった。晩年の蓮如の隠居所のあった大坂（いまの大阪城がある場所）に、石山本願寺という砦のような寺院が建てられ、本願寺はそこから全国の門徒に指令を出していた。

戦国末期、第十一世顕如《けんにょ》の時代に、石山本願寺は織田信長の軍勢に攻められ、和睦して石山を明け渡すことになる。

この時、和睦に応じた顕如と、徹底抗戦を主張した長男の教如《きょうにょ》との間に対立が生じ、本願寺は西と東に分裂することになるのだが、双方の教えに大きな差違があるわけではない。

現在残っている歎異抄の写本で、最も古く権威のあるものとされているのは、中興の祖、蓮如が筆写したものだ。わたしもこれを底本（小学館『新編 日本古典文学全集』44）としているのだが、その写本の最後には「無宿善の機に於ては左右なくこれを許すべからざるものなり（仏法を深く信じていない者にはたやすく読ませてはならぬ）」と蓮如自身が記している。

蓮如が歎異抄を熟読していたことは間違いない。ただ誤解を招きやすい書だということはわかっていたようで、蓮如はこれを禁書とした。

そういう意味では、この歎異抄は、危険な要素をもった書だということもできるのだが、明治になってから、多くの文化人がこの書に触れるようになり、いまでは最も愛読者の多い古典文学の一つとなっている。

第四章

慈悲に聖道浄土の変りめあり

歎異抄第四

慈悲《じひ》というものには二種あります。一つは比叡山の修行者たちのような、自力《じりき》で厳しい修行に取り組む「聖道門《しょうどうもん》」の慈悲。もう一つは、ひたすら阿弥陀さまにおすがりする「浄土門《じょうどもん》」の慈悲です。この二種の慈悲には、明らかな違いがあります。

聖道門の慈悲は、あらゆる生き物を憐《あわ》れみ、悲しみ、はぐくみ守ろうとする気持です。きわめて広い、菩薩や仏に通じる慈悲の気持なのですが、そういう気持があっても、思いどおりに人や生き物を守ることは、きわめて難しいといわねばなりません。なぜなら、比叡山には数えきれぬほどの修行者がいますが、いまだ覚《さと》りの境地に到達したというような人の話は聞かないからです。

浄土門の慈悲は、念仏することによって浄土に往生することを願います。自分だけが救われたいという、おのれのための欲ではありません。多くの生き物への慈悲から生じた思いなのです。

極楽浄土に往生すれば、たちまち成仏できます。仏となれば、大いなる慈悲の気持をもって、思うがごとくすべての生き物を包み込むことができるのです。結果としては、こちらの方が、多くの人々を救うことができるといえるのではないでしょうか。

比叡山の修行者は命がけのようなつらい修行を重ねます。もちろん自分のためではなく、覚りの境地に到達して、多くの人々を救いたいという望みをもっているのですが、この世で苦しんでいる人のことをどんなに哀れみ、心を痛めたところで、成仏できなければ、思いどおりに助けることはできないのですから、聖道門の慈悲は、何の助けにもならぬものです。

だからこそ、わたしたちは浄土門の慈悲を求めるべきでしょう。阿弥陀さまの慈悲にすがってひたすら念仏を唱えていれば、浄土に往生することができ、わたしたちも成仏することができるのです。仏になれば、より多くの生き物を救うことができるのですから、極楽往生を求めることこそが、大いなる慈悲の気持だということができるのです。

【聖道門と浄土門】

この章のキーワードは、「聖道門」と「浄土門」だ。

親鸞の師の法然は、『選択《せんじゃく》本願念仏集』という著書の中で、いくつかの二者択一の課題を提出して、称名念仏《しょうみょうねんぶつ》の大事さを語っている。この書は、関白を引退した九条兼実《くじょうかねざね》のために著《あらわ》したとされ、浄土の教えの教科書のような著作となっている。親鸞も弟子たちに、この書を積極的に勧めている。

その二者択一の課題の一つが、聖道門か浄土門かというものだ。これは中国の道綽《どうしゃく》によって提案された課題で、ひたすら自力で苦行などの修行をする聖道門に対して、他力本願による無心の境地の優位を説いている。

もう一つの二者択一は、善導《ぜんどう》が提案したもので、五正行《ごしょうぎょう》と呼ばれる、浄土の教えによる修行の中で、称名念仏こそ往生をめざす正定業《しょうじょうごう》（正しい修行）で、他の修行は、助業《じょごう》であると切り捨てている。

ちなみに、五正行とは次の五種の修行のことだ。

一、浄土三部経を読誦《どくじゅ》する。（読誦正行）

二、阿弥陀仏の姿を心の中に思い浮かべて観察《かんざつ》する。（観察正行）

三、阿弥陀仏像を礼拝《らいはい》する。（礼拝正行）

四、阿弥陀仏の名号《みょうごう》を唱《とな》える（称名正行）。

五、阿弥陀仏の功徳《くどく》を讃嘆《さんたん》し、衣食香華《えじきこうげ》などをお供《そな》えして供養《くよう》する。（讃嘆供養正行）

ここに見られるように、聖道門か浄土門かという課題で、浄土門を選択したことを前提として、次の段階で、称名念仏こそを選択すべきで、経典の読誦、仏の姿の観察、仏像の礼拝、お供えによる供養などは、補助的なものにすぎないとされている。

もう一つの選択は、法蔵菩薩の四十八の誓願の中で、第十八願こそが最も重要な本願で、従ってひたすら称名念仏によって往生をめざせばよいということだ。

こういう考え方は、比叡山や奈良の僧侶たちの修行を否定することになる。そのためにいろいろと苦情が出て、法然と親鸞は流罪になった。

親鸞は流罪が解けたあと、活動の拠点を東国に定めた。東国は京や奈良から遠く離れているうえに、善光寺の勧進僧たちが活動していて、阿弥陀仏信仰の土台ができていた。ただし、善光寺の場合は、阿弥陀三尊像を崇拝するのが主眼だが、親鸞の教えは仏像を必要としない。

一般の民衆は、死後の世界に不安を抱き、地獄に落ちることを恐れている。そういう人々には、ひたすら念仏を唱えなさいということを伝える。念仏だけでいいのだと言われると、とにかくおりにふれて念仏を唱えていれば、人々は安堵《あんど》できる。

歎異抄の教えを聞いているのは、弟子の唯円であって、一般の民衆ではない。一般人は、自分が救われればいいと考えがちだが、教えを広めようと努めている場合は、自分だけでなく、より多くの人々を救いたいと考えているはずだ。

この章では、慈悲というものを問題にしている。慈悲はふつう、阿弥陀さまの慈悲によって、すべての民が救われるという、仏の慈悲を指すことが多いのだが、弟子たちが布教活動をするのも、一人でも多くの信徒を救済したいという、大いなる慈悲の気持によるものだ。

ここで語られている慈悲は、阿弥陀さまの慈悲ではなく、弟子の心の中にある慈悲ということだ。比叡山の修行者は、山岳修行などの厳しい修行をする。親鸞自身が、そういう厳しい体験を二十年間にわたって実践してきた。修行者は、自分だけが救われたいとは考えていない。自分を菩薩《ぼさつ》だと考え、厳しい修行を重ねることによって、仏となり多くの人々を救いたいと考えている。

唯円のような弟子も、同じ気持を抱いている。だから念仏を唱えて自分が往生するだけでは満足できない。

そこで、唯円は、弟子がもつべき慈悲の心について、親鸞に尋ねたのだろう。

親鸞の答えは明快だ。

聖道門の修行者が、どんなに厳しい修行をしたところで、仏には成れない。せいぜい「生き仏」と呼ばれる高僧に近づけるだけだ。しかし本物の仏に成らなければ、より多くの人々を救うことはできない。

浄土門はどうか。浄土門も、念仏を唱えるだけでは、自分一人が救われるだけのように見えるかもしれない。だが、極楽浄土に往生できれば、そこの住人はすべて仏に成ることができる。

自分が仏に成ってから、民衆を救えばよい。そういう将来を見すえて念仏を唱えるのであるから、けっして自分だけが救われればいいということではないのだ。念仏を唱えている人は、大いなる慈悲の心をもっているというべきだろう。

そんなふうに、親鸞は唯円を励ました。

それだけではない。往生した後の成仏をまつまでもなく、浄土の教えを説く者は生きながらにして多くの人を救うことができる。

念仏を唱えて無心になっていれば、地獄に落ちるおそれもなく、心の底から安堵できる。それこそは覚《さと》りの境地だと言ってもいい。念仏はけっして、死んだあとに往生をめざすということではなく、念仏で安堵できれば、生きながら極楽に往生したようなものだ。

弟子たちがそんなふうに無心に念仏を唱えている姿を見れば、それを見た民衆も、念仏を唱えて無心の境地に近づいていく。念仏を唱えるということが、より多くの人々を救うことになるのだ。

そういうわけだから、唯円が無心に念仏を唱えるということは、より多くの民衆を救うという慈悲の心と一体となっていると考えてよい。

なお、法然が『選択本願念仏集』で語った、道綽や善導は、親鸞によって、七高僧と呼ばれている。親鸞に浄土の教えを伝えた先人たちを、親鸞は偉大な先駆者として称《たた》えたのだ。

その七人とは、次の高僧たちだ。

一、龍樹《りゅうじゅ》……大乗仏教を理論的に支えた伝説上の思想家。浄土の教えだけでなく、密教や禅の理論も構築して、龍樹菩薩と称される。

二、天親《てんじん》……インドにおいて浄土の教えを集大成した。密教の教えも説いているので、心を虚しくして精神統一するための念仏ということだろう。

三、曇鸞《どんらん》……浄土の教えを中国で広めた先駆者。

四、道綽《どうしゃく》……曇鸞の教えを深め浄土門を説いた。

五、善導《ぜんどう》……道綽の解釈を引き継ぎ称名念仏を重視した。

六、源信《げんしん》……恵心僧都と称され、『往生要集』を著し、地獄の恐ろしさを広めた。

七、法然……親鸞の師。浄土宗を起こした。

これらの七高僧の努力があって、初めて親鸞の思想がある。

ちなみに比叡山では範宴《はんねん》と呼ばれていた親鸞は、法然のもとに入門して、綽空《しゃっくう》という法名を与えられる。また修行者は法名のほかに、房号という通称をもつ。師の法然というのも房号で、法名は源空。すなわち法然房源空というのが正式な呼び方だ。親鸞はある時期から、善信房という房号を用いていた。

親鸞という法名は、流罪になる直前に、師の法然から与えられたもののようだ。それを機に、入門してから日が浅いにもかかわらず、親鸞は法然の高弟と認められた。だがその結果、法然とともに流罪という法難に遭遇することにもなった。

綽空、善信、親鸞……。

この名称には、七高僧のうち、始祖の龍樹菩薩を除く六高僧の名が、一字ずつ入っている。ことに親鸞の名の中には、浄土の教えの祖といえるインドの天親と、それを中国で広めた曇鸞という、偉大な高僧二人の名が入っている。法然がそれだけ親鸞に期待をかけていたということだし、親鸞もその名に自負を感じていたはずだ。

なお、流罪となっている間、罪人はそれまでの名を剥奪《はくだつ》される。親鸞は自らを、愚禿《ぐとく》と呼んだ。僧侶であることも認められないので、頭髪を剃《そ》ることもできない。といって貴族や武士のように髷《まげ》を結うこともできない。

子ども（禿《かむろ》）のように髪を肩まで伸ばした中途半端な姿を、「聖にもあらず俗にもあらず」と半ば自嘲しながら、愚かな子どもだと自称したのだ。

第五章

親鸞は父母の孝養のためとて

歎異抄第五

親鸞は父母の極楽往生を願って念仏を唱えたことは一度たりとありません。なぜなら、あらゆる生き物は、すべてみな、さまざまな前世において、いつの日か親子であったり兄弟であったりしたものたちであるからです。あらゆる生き物が同胞《はらから》であるのですから、そのすべてを等しく救わなければなりません。自分の努力で善をなそうという「善人」の修行者ならば、父母への供養《くよう》ということもあるでしょうが、わたしはひたすら阿弥陀さまのお慈悲にすがっているだけなので、いま父母のために念仏の功徳《くどく》で供養するということはありません。いずれの日にか、極楽浄土に往生し、成仏することができましたら、自分の縁者のことも考えるでしょうが、いまはただひたすら無心に念仏を唱えるだけでございます。

［父母への供養］

親鸞にももちろん父母はある。しかもやや問題をかかえた父母だったようだ。親鸞は男ばかりの五人兄弟の長男に生まれた。その親鸞が五歳の時に、父は出家している。ほとんど年子《としご》の五人の幼児を残して、父が出家してしまうというのは、無責任のように見えるが、それだけの事情があったのだろう。

親鸞の父は、学者の家系の日野家の三男に生まれた。長兄は後白河院に仕え、次兄は儒学者として評価を受け家司《けいし》として九条家に仕えていた。三男の父も、こつこつと努力すれば、下級の役人くらいにはなれただろう。しかし時代状況がそれを許さなかった。

親鸞が五歳の時といえば、治承元年（西暦一一七七年）で、平清盛の勢力が頂点に達した時期だ。横暴な独裁者となった平家の打倒を画策した鹿ヶ谷《ししがたに》の謀議が発覚して、後白河院の近臣の藤原師光《もろみつ》（西光）が死刑、藤原成親《なりちか》や僧俊寛《しゅんかん》らが流罪になった年にあたっている。

平家の独裁に対して反感を抱いた貴族たちが、謀反《むほん》を画策《かくさく》することに対し、清盛は強い警戒心を抱いていた。些細なことでも謀反の疑いをかけられ、処刑されかねない状況にあった。

伝説によれば、親鸞の母は、源氏の縁者であったとされている。この場合の源氏というのは、保元の乱で平清盛とともに後白河帝の側につき、平治の乱では清盛と戦って敗死した源義朝《よしとも》の縁者だということだろう。

義朝の嫡男の頼朝《よりとも》は、元服の直後に平治の乱に加わり、捕らえられ伊豆《いず》に配流《はいる》されている。赤子だった末子の義経《よしつね》が仏門に入っていたことは広く知られている。男児の場合は平家の目が光っていたのだが、女児の場合はとくに咎《とが》められることはなかった。

頼朝の姉に坊門姫《ぼうもんひめ》という女性がいる。藤原北家の一条能保《よしやす》に嫁ぎ、娘が九条兼実《かねざね》の子息の良経《よしつね》（のちの摂政）に嫁《とつ》いだ。孫の道家《みちいえ》が関白、曽孫《ひまご》の頼経《よりつね》が鎌倉の四代将軍になっている。

平家の権力に揺るぎがなかった時代には、女児にはお咎めはなかったのだが、やがて不穏《ふおん》な情勢になると、源氏の縁者にも詮議《せんぎ》の手が伸びる。一条能保と坊門姫は、一時期は鎌倉の頼朝のもとに避難していたと伝えられる。

親鸞の母が源氏の縁者だというのは、どういうことだろうか。

高名な哲学者で仏教関係の著作も多い梅原猛《うめはらたけし》さんは、『親鸞「四つの謎」を解く』（新潮社）という著作の中で、頼朝にはもう一人の姉がいて、それが親鸞の母ではないかという仮説を提唱された。わたしは自分の小説を書くにあたって、その仮説を検討したのだが、年齢からいっても、妹とするのが妥当だと考えた。

いずれにしても、親鸞が頼朝の親戚だとすると、これは穏やかには生きられないということになる。五歳の時に父が出家し、九歳の時には親鸞自身が出家したというのも、そうしないとわが身に危険が及ぶおそれがあったのではないだろうか。

そう考えてみると、もっと大きな問題を、親鸞はかかえていたことになる。

先に阿弥陀さまの第十八願について紹介したが、実はあの誓願のあとには、「五逆の者は除く」という但《ただ》し書きが付けられている。

五逆というのは次の五つの罪のことだ。

一、父を殺した者。

二、母を殺した者。
三、阿羅漢《あらかん》（高僧）を殺した者。
四、仏を傷つけた者。
五、教団を破壊した者。

もしも親鸞の母が頼朝の妹だとしたら、平治の乱で討たれた源義朝は、親鸞にとっては祖父、母にとっては父ということになる。

平治の乱に先立つ保元の乱では、平清盛《きよもり》と源義朝は、ともに後白河《ごしらかわ》帝（のちの後白河院）の側についた。清盛の叔父の平忠正《ただまさ》と、義朝の父の源為義《ためよし》は、敵対する崇徳院《すとくいん》の側についた。戦のあとで捕らえられた忠正と為義は死刑となったのだが、後白河帝の乳父《めのと》で後白河陣営の総帥《そうすい》となっていた信西《しんぜい》入道は、それぞれの身内の清盛と義朝に処刑を命じた。

清盛はもともと仲のよくなかった叔父を殺しただけだが、義朝は自分の父を殺さなければならなかった。

命じられての処刑とはいえ、源義朝は、父殺しという五逆の罪を犯したことになる。

罪を犯したという因果は、子孫にまで伝わるとされている。親鸞の母は、父が犯した五逆の罪によって、地獄に落ちるのではという苦悩をかかえていたのではないか。親鸞自身も、そのことを意識していたのかもしれない。

だとすると、「地獄は一定すみかぞかし」という親鸞の言葉には、切実なものが感じられる。

自分のことはともかく、親鸞としては、母の極楽往生は、心から祈らずにはいられなかったはずだ。

だが、親鸞は、「父母の孝養のためとて一辺にても念仏申したること未《いま》だ候《そうら》はず」と言い切った。生き物は輪廻転生する。無限の前世をかかえている。だから誰もが同胞だ。ことさらに身内の者だけのために供養するということはない。

これは修行者としての親鸞の、決意表明のようなものではなかったかと思われる。

第六章

親鸞は弟子一人も持たず候ふ

歎異抄第六

専修念仏《せんじゅねんぶつ》の指導者の中には、これはわが弟子だとか、よその弟子だとか、弟子をめぐって争う人がいるようですね。これは、もってのほかの事態というべきでしょう。親鸞は、わが弟子などというものは、一人《いちにん》たりと持ってはおりません。

なぜかといえば、わたしの努力によって、ある人が念仏を唱え始めたということなら、わが弟子と言えるかもしれませんが、その人が念仏を始めるようになったのは、もともとは阿弥陀さまのおはからいなのだと思います。だとすれば、その人は放っておいても念仏を唱えるようになったはずで、とてもわが弟子ということはできません。

たまたまわたしとともに念仏を唱えるようになった人も、もとからそういう因縁《いんねん》があったのでしょうし、わたしから去って行く人がいたとしたら、それも因縁なのです。ですから、弟子が去っていった指導者が、師を裏切るようなものは極楽往生できない、などと悪口を言うなど、とんでもないことだと思っております。阿弥陀さまのおはからいで念仏を唱えるようになった人のことを、あたかも自分の手柄《てがら》のように考えるのは、指導者として、あってはならないことではないでしょうか。

すべては阿弥陀さまのおはからいなのですから、自然《じねん》の理《ことわり》というものに身を任せるしかありません。自分といっしょに念仏を唱えてくれる人がいれば、阿弥陀さまのご恩に感謝すればいいのですし、去っていく者がいれば、それもまた阿弥陀さまのおはからいなのですから、いたしかたないことだと思えばよいのです。

【親鸞の弟子と家族】

親鸞は東国で布教活動をした。世間一般で言われる「弟子」は多かった。のちに「二十四輩」と呼ばれる弟子たちが、それぞれに寺院を開き、宗派を作っていくことになる。しかし親鸞は、「弟子」とは呼ばず、「同行《どうぎょう》」という言い方をした。

自分の教えによって目覚めた人というのではなく、たまたま自分といっしょに念仏を唱えるようになった人、というくらいの関係だと考えていたのだろう。

親鸞には恵信尼《えしんに》という妻があった。浄土真宗は、恵信尼が生んだ末娘の覚信尼《かくしんに》の孫にあたる覚如《かくにょ》が基礎を築き、それが現在の東西の本願寺に継承されている。従って、本願寺では、親鸞の妻は恵信尼一人だけだと伝えてきた。

確かに恵信尼は、越後に流罪となった親鸞に寄り添い、東国の布教にも同伴している。また父から譲られた越後の領地を管理し、親鸞を経済的に支えた。小黒女房《おぐろにょうぼう》と呼ばれる女児をはじめ、栗沢《くりさわ》信蓮房《しんれんぼう》、益方入道《ますかたにゅうどう》、高野禅尼《たかのぜんに》、覚信尼という、五人の子どもを産み育てた。

親鸞にはもう一人、善鸞《ぜんらん》という子息がいる。長男と思われるこの人物は、比叡山で修行し、親鸞が帰京してからは、父から直伝《じきでん》の教えを受けて、東国で教義の差違をめぐって混乱が生じたおり、父の名代《みょうだい》として東国に派遣された。

親鸞はこの善鸞を信頼して東国に送り出したのだが、善鸞の教えは東国の弟子たちから批判を受けることになる。怪しい秘教を説いたとされ、弟子たちの抗議に困惑した親鸞は、わが子を義絶する旨《むね》の手紙を弟子に送った。

親鸞の没後、覚信尼の孫の覚如は、自らを本願寺第三世と称した。

第一世はもちろん開祖の親鸞だが、覚如は東国で布教していた如信《にょしん》という人物を第二世としている。この如信は義絶されたはずの善鸞の子息だ。如信は少年のころから親鸞の教えを受けた。父の善鸞とともに東国に赴いたのだが、東国では父とは別れて教えを説いた。晩年の親鸞が心をこめて指導をした孫にあたる如信を、覚如は親鸞の後継者に定めた。

第三世の覚如から後は代々世襲で本願寺を維持してきたので、東西を問わず本願寺の門主《もんしゅ》（宗《そう》主《しゅ》）は覚信尼の末裔であり、それは同時に覚信尼の母の恵信尼の子孫ということになるのだが、第二世如信の父の善鸞は、恵信尼の子ではないと考えられている。

善鸞は、恵信尼のことを、「ままはは」と呼んでいたらしい。

親鸞は師の法然の指示によって、前関白九条兼実の末娘と結婚した、という伝説がある。前述の梅原猛さんの著書では、梅原さん自身が各地の寺院を訪ねて、玉日姫《たまひひめ》という兼実の息女の座像などを確認されている。

伝説なのか史実なのか、はっきりとはしないのだが、九条兼実は法然に向かって、「あなたは色欲や肉食、飲酒などの煩悩に負けた者も、阿弥陀さまに救われると説いているけれども、あなた自身は妻帯せず、肉も食さず、酒も飲まない。やはり煩悩に負けると地獄に落ちると思っているのではないか」というような疑問をぶつけた。

法然は三十年間、比叡山で修行をしたので、禁欲が身についている。それが生き方のスタイルになっているし、法然の教えが多くの人に支持されたのも、法然のそうした毅然とした生活スタイルによるものと思われる。

そこで法然は、「自分は高齢だから、いまさら妻帯しようとは思わないが、もしもお疑いなら、自分が一番信頼している弟子に妻帯するように命じましょう」と言って、親鸞に妻帯を命じたというのだ。

わたしの小説では、兼実の娘の玉日姫が、まだ親鸞が比叡山の学僧であったころ、女人禁制の境界の外にある赤山禅院《せきさんぜんいん》で、法華経の教えを説いている親鸞（当時は範宴という法名だった）の姿を見て、侍女《じじょ》の恵信尼ともども、親鸞の教えを受けたいと切に願うようになったといったストーリーになっている。

恵信尼が九条家の侍女であったことは確かで、下級の文官であった父親は越後介《えちごのすけ》（国司の次官）

を務《つと》めたことがあり、越後にある九条家の領地の管理も任されていた。

法然が土佐《とさ》（高知県）に配流《はいる》となったのは、その手前の九条家の領地のある讃岐《さぬき》（香川県）なら安全だという九条兼実の画策によるもので、実際に法然は讃岐にしか行っていない。土佐は死刑に次ぐ重罪とされる遠流《おんる》の地域なので、刑罰としては土佐配流となったのだが、これは後鳥羽院と兼実の間で、談合が成立していたのだろう。

同じように九条兼実は、親鸞の配流先として、九条家の領地のある越後を選んだのだろう。前関白の兼実には、それくらいの政治力はあったようだが、その画策で疲れきったのか、そのまま寝つくことになった。末娘の玉日姫は看病のために兼実のもとにとどまり、侍女の恵信尼を親鸞の妻として、越後に同行させた。

親鸞は越後では、九条家の領地でのんびり暮らしていたようで、その領地はやがて恵信尼自身に譲渡されたものと思われる。親鸞が東国に赴いた時、恵信尼は子どもたちを連れて同行したのだが、時々は越後に戻って、領地の管理にあたっていたようで、子どもたちものちには、越後で暮らすようになった。

宇都宮一族の支援もあったと思われるのだが、親鸞自身も恵信尼から米などは送られていたはずで、生活の心配はない状態だった。だから経済的理由で無理に弟子を増やす必要はなかった。

親鸞の弟子たちは、そういうわけにはいかない。自分の弟子を増やし、寄進をしてくれる支持者を増やしていかないと、宗派を維持することができない。

弟子の奪い合いといったことも、なかったとはいえないだろうし、宗派のわずかな教義の違いで、激しい論争が生じるということもあったのではないだろうか。

こういう弟子たちの争いは、親鸞が東国をあとにした直後からあったようで、やがて収拾がつかなくなり、主な弟子たちから親鸞に、東国に戻ってほしいという要請があった。

親鸞はすでに高齢になっている。その時、長男の善鸞が、自分が東国に赴くと志願した。善鸞が恵信尼のことを「ままはは」と呼んでいたことは先に紹介したが、善鸞は玉日姫の実子で、越後には同行せず、京で育ったのだろう。

善鸞は幼少のころに比叡山に入り、天台宗の教えを学んでいた。のちには同じく比叡山で学んでいた、親鸞の一歳違いの弟の尋有《じんう》の弟子になったようだ。

尋有は京の押小路《おしこうじ》南万里小路《までのこうじ》東にある善法院《ぜんぽういん》の住職となっていた。親鸞が入滅したのもこの地だから、親鸞は弟の寺の一部を借りていたことになるのだが、それは最晩年のことだ。

帰京したばかりの親鸞が京での拠点としていたのは、玉日姫の兄の摂政九条良経《よしつね》の子息で、のちに関白となる九条道家《みちいえ》が保有していたかつての九条兼実の邸宅だった。この九条道家という人物は、母が源頼朝の姉にあたる坊門姫で、自らが関白になるだけでなく、子息の三人が関白、一人が鎌倉将軍（第四代）、さらに娘が四条天皇の母となるなど、大権力者にのしあがっていく人物だ。

親鸞は玉日姫のところに入り婿となり、九条兼実の邸宅に同居していた。道家は兼実の孫なのだが、将来性があるというので、祖父の邸宅に引き取られて育った。親鸞は幼少のころの道家と親しかったはずだ。

道家は別の場所に自分の邸宅を構えていたので、かつて親鸞が玉日姫とすごした兼実の邸宅は、半ば廃屋になっていた。郎党の住居などにあてられていたのだが、邸宅の中には、兼実が隠居所としていた庵《あん》のような建物があった。親鸞はそこを修復して、京での拠点としたのだ。

ただし、東国から弟子が頻繁《ひんぱん》に訪ねてくるのは、老齢の親鸞にとっては迷惑だったようで、親鸞が仏門に入る前に住んでいた、伯父の日野範綱《のりつな》の邸宅を借りて住んでいたことがある。範綱の子息の信綱《のぶつな》は、のちに親鸞の弟子になって尊連《そんれん》という法名をもらっている。また末娘の覚信尼が、信綱の子息の広綱《ひろつな》に嫁いで、覚恵《かくえ》を生んでいる。その子息が本願寺三世の覚如《かくにょ》だから、親鸞は日野家の嫡流《ちゃくりゅう》とも強い絆《きずな》で結ばれていたことになる。

比叡山を下りた善鸞が親鸞と再会したのは、おそらくは尋有の寺、善法院だったと思われる。善鸞は比叡山で教えを受けたので、天台宗の学僧だったわけだが、親鸞自身が比叡山では二十年にわたって、天台の教えを学んでいた。そういう経緯があるから、親鸞が、自分がなぜ天台の教えを捨てて、浄土の教えを広めるようになったかを誠意をもって語れば、血の通った親子のことだから、善鸞はすぐに親鸞の教えを、そっくり学び取ったことだろう。

親鸞は大きな期待をもって、子息の善鸞を東国に派遣したはずだった。ところが善鸞は、親鸞の子息だということを強調しながら、独断で教えを説き始める。阿弥陀さまへの信仰は理屈ではないという親鸞の教えを、過剰に強調して、信徒に対して一対一で、不思議な秘密の教えを伝えるといった、秘儀ともいえるような宗教を興すことになった。

東国では大きな混乱が生じた。そのため親鸞は、やむなく性信《しょうしん》ら、主な弟子たちに対して、善鸞とは親子の縁を義絶したという手紙を書くことになった。

唯円らが仲間と連れだって京の親鸞を訪ねたのも、そうした混乱の直後だったのではないかと考えられる。

なお、善鸞とともに東国に旅立った、善鸞の子息の如信は、幼少のころから親鸞の教えを受けたので、父親の善鸞に対しては批判的だったようだ。如信は東国においては、父とはまったく別行動をとっている。そのため、覚如によって、本願寺第二世に定められている。

いずれにしても、唯円が親鸞を訪ねた当時は、東国では弟子たちの間で議論が錯綜し、大混乱におちいっていた。歎異抄というタイトルは、まさにその状況をものがたっているのだ。

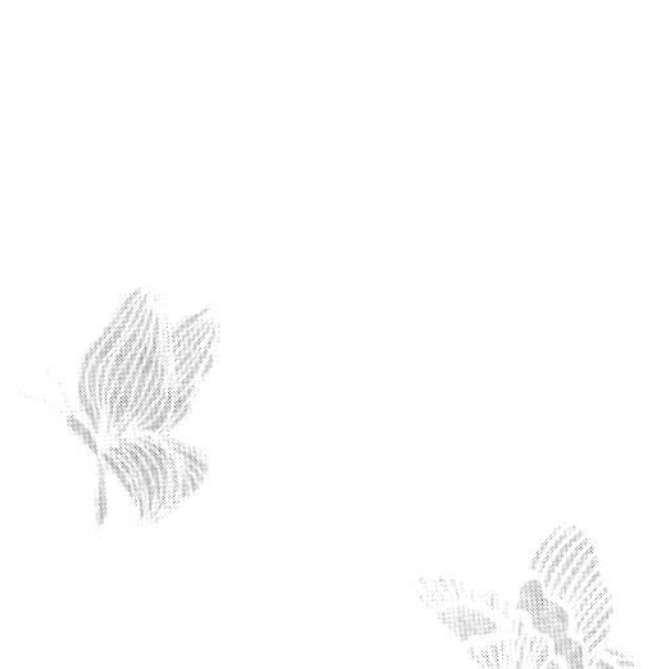

第七章

念仏は無碍の一道なり

歎異抄第七

念仏というものは、何ものによってもけっしてさまたげられることのない、覚《さと》りの境地に到達するただ一つの道なのです。

なぜなら、阿弥陀さまの本願《ほんがん》を信じてひたすら念仏を唱えている者に対しては、天の神々も地の霊《れい》も、魔界の悪魔も外道《げどう》のまじない師も、この念仏による思いをさまたげることはできません。比叡山の修行者の厳しい修行も、煩悩《ぼんのう》を排除して清く生きている世俗の人々も、けっして及ぶことのない、極楽往生《ごくらくおうじょう》に到り同時に覚りの境地に到達する、揺るぎのないただ一本の道……、それが念仏なのです。

【称名念仏】

親鸞が活動していたのは、鎌倉時代の初めのころだ。親鸞の師の法然をかわきりに、新しい仏教のトレンドが次々に興った時期でもあった。

それらを総称して、鎌倉仏教ということがある。

専修念仏を提唱した法然と親鸞。さらに踊り念仏という形で大衆化した一遍《いっぺん》。ここまでは浄土系の教えだ。

栄西《えいさい》と道元《どうげん》は禅の新しい流れを伝えた。日蓮《にちれん》はひたすら法華経《ほけきょう》の教えを信じ、この法華経の題目（正式には妙法蓮華経《みょうほうれんげきょう》）を呪文のように唱える（唱題）という、独特の教えを説いた。

これら六人の教祖はすべて、出発点では天台宗の学僧だった。さらに四国の天台宗の寺院で学んだ一遍以外の五人は、比叡山で修行している。ここでは、比叡山について簡単に解説しておく。

比叡山を開いたのは伝教大師《でんぎょうだいし》とも呼ばれる最澄《さいちょう》だ。

最澄は東大寺の学僧だったのだが、若いころに新たな教えを求めて、生まれ故郷に近い比叡山を拠点として修行を続けた。都が奈良から京に遷都《せんと》される前のことだ。

京を都と定めた桓武《かんむ》帝は、奈良の仏教勢力を嫌っていた。

そのために遷都を断行し、新たな王都となった平安京には、東寺と西寺という官立の寺を置いただけで、奈良の寺院の移転を許さなかった。

しかし朝廷の儀式には、仏教が採り入れられていて、仏教と完全に縁を切ることはできない。そこで桓武帝が目をつけたのが、たまたま京の近くの比叡山で寺を開いていた、若き修行者の最澄だった。

最澄は朝廷の仏教儀式を司る供奉僧《ぐぶそう》に取り立てられた。

やがて最澄は、遣唐使の船に同乗して中国に赴き、最新の仏教トレンドを学ぶことになる。

上海に近い天台山で、天台智顗《ちぎ》という高僧が摩訶止観《まかしかん》という新たな仏教のトレンドを起こしたことを最澄は知っていた。これは法華経の教えを体感するための基本的な哲学的認識と、具体的な修行の方法をまとめたものだった。

法華経は、釈迦が最後に説いた教えという設定で、まずは釈迦が長々と説教をするさまが描かれる。そこでは初期仏教から最新の密教に到るまでの、仏教のさまざまな教えが総合的に述べられている。仏教のデパートといってもいいし、百科事典といってもいい。だがそのあたりのことは、法華経の中心テーマではない。

法華経で特筆されるのは、「法身《ほっしん》の釈迦」あるいは「久遠本仏《くおんほんぶつ》」と呼ばれる、宇宙（十方世界《じっぽうせかい》）そのものを象徴したような、大きなイメージを伝えたことだ。

宇宙の原理のことを、梵語《ぼんご》ではダルマという。これを漢語に翻訳したものが「法」という語だ。音写した達磨《だるま》や曇磨《どんま》という表記もあり、達磨大師《だるまたいし》という高僧の名にもなっている。このダルマという概念は、法律などのような人が作った定めではなく、いわば物理学的な自然の法則といったものだ。この原理は宇宙のすみずみにまで行きわたっていて、宇宙そのものといってもいい。

原理というものには、形がない。仏像のような姿をもっているわけではない。

原理というのは、その原理に従って物体が運動したような時に初めて人の目に触れることになる。その原理には何らかの方向性がある。宇宙の原理はある目的に向かって、すべての物体を運動させているように見える。それはあたかも、宇宙がある意志をもって、宇宙内部のさまざまな現象を起こしているということではないだろうか。

すなわち、「法《ダルマ》」というものは、よりよき世界を創造しようという意志をもっているように見えるということだ。それは言い換えれば、宇宙が宇宙の内部にあるさまざまな命あるものに対して、大いなる慈愛をもっているということだ。

ここから、法華経に特有の世界観が生じることになる。

宇宙そのものは、一つのキャラクターをもった巨大な仏さまであり、慈悲の心で十方世界を包み込んでいる存在なのだ。

この姿の見えない宇宙そのもののような存在を、法華経は「法身の釈迦」と呼ぶ。この仏には、姿や形がない。それでは人々を導くことができない。そこでこの仏は、自らの化身、あるいは分身《ふんじん》として、姿の見える仏をわたしたちの前に現してくださった。

それが二千五百年前にこの世界に現れたお釈迦さまという人物なのだ。

釈迦は、法身の釈迦の分身である。つまり、人としてのお釈迦さまの背後には、人の姿のお釈迦さまを派遣してくださった姿のない存在がある。これを「法身の釈迦」と呼び、さらにその宇宙そのものであるような存在を、果てもないほどに大きな仏さまに見立てて、「久遠本仏《くおんほんぶつ》」と呼ぶ。

宇宙に現れたすべての現象は、久遠本仏の胎内で起こったことであり、すべての仏や菩薩は、久遠本仏の化身なのだ。

むろん、わたしたち人間も、久遠本仏の胎内に包み込まれている。わたしたちは宇宙の一部であり、宇宙そのものと一体となった存在なのだ。

自分が宇宙と一体となっていることを体感できれば、宇宙と自分とを隔てている自我へのこだわりが消滅する。

すなわちそれが覚《さと》りの境地だ。

これが法華経という壮大な経典の心髄《しんずい》であり、根本原理だということができる。

ただし、それは一つの観念にすぎない。ただの言葉であり、理屈なのだ。

自分が宇宙に包まれているということは、理屈としてはわかっても、自分というものが宇宙と融合して、ついには「私」というものが消えてしまうといったことは、容易に体感できるものではない。

法華経の世界観では、あらゆる生き物は、宇宙の一部であり、もともと宇宙と一体のものであるから、そのことに気づくだけで、仏の境地に到達できる。すなわち、誰にも仏になる資質があるということだ（これを仏性《ぶっしょう》という）。

すべての生き物に仏性がある。これが法華経の、もう一つの大きなテーマだ。

法華経とは、そういうお経だ。だが、読んだだけでは、覚りの境地を体感することはできない。

理屈ではある程度、わかったような気分になるのだが、しかし経典を読み終えても、「私」というものはここに存在し続けている。どうやったら「私」というものを消してしまえるのか。

天台智顗《ちぎ》はその具体的な方法を示した。

実際に最澄は天台山に赴き、天台智顗の弟子たちから、修行の方法を学んできた。

それが比叡山でいまも実際に行われている修行だ。座禅、念仏、陀羅尼、これに山岳修行を加える。そのような肉体的な鍛錬を重ね、疲れきって忘我の境地に到達すれば、仏の領域に限りなく近づいていける。

最澄が乗り込んだ遣唐使の船には、若い修行僧の空海《くうかい》も乗り込んでいた。のちに弘法大師《こうぼうだいし》と称されることになる空海は、唐の王都の長安《ちょうあん》に赴き、密教の新しいトレンドを学んだ。陀羅尼《だらに》と呼ばれる呪文を唱える密教はそれ以前からあったのだが、空海が学んだのは瑜伽《ゆが》密教と呼ばれるまったく新しいものだった。

曼荼羅《まんだら》と呼ばれる図像、五鈷杵《ごこしょ》、五鈷鈴《ごこれい》などの法具、楽器類、声明《しょうみょう》と呼ばれる歌唱、手の指で形づくる印契《いんげい》など、さまざまな道具や方法によって、呪文の効果を高めたものが瑜伽密教だ。

空海は長安の青龍寺の高僧、恵果《けいか》から、一弟子相承《そうじょう》の秘伝を受け継ぐことになった。

実は最澄も天台山からの帰途、上海の近くの寺を回って、瑜伽密教の一部は学んでいた。それを桓武帝に披露したことで、二十年以上の滞在を義務づけられていた留学僧《るがくそう》だった空海が急遽、呼び戻されることになった。最澄は帰国した空海の弟子になって、比叡山の教えの中に、瑜伽密教を採り入れた。

また、最澄の直弟子の円仁《えんにん》が、師と同じ天台山を目指して渡航したものの、嵐に遭遇した船が唐の北部に漂着したため、天台山での修行を断念し、北京の奥にある五台山を目指した。さらに円仁は空海が学んだ長安にも到達し、そこで瑜伽密教を本格的に学んだ。最澄が確立した四種三昧と呼ばれる修行は、円仁によってさらに深められた。

最澄や円仁が伝えたのは、苦しい肉体的なトレーニングや、徹夜につぐ徹夜で精神的な苦痛を得ることによって、朦朧《もうろう》となった忘我の境地で覚《さと》りを得るというものだ。まさに苦行の果てに覚りがあるという、一般の人には耐えがたい厳しい修行だった。

法然や親鸞が「聖道門《しょうどうもん》」と呼んだのは、このような比叡山の厳しいトレーニングのことを指している。

苦しいトレーニングを強いられたのでは、一般の民衆は耐えられない。

難行苦行ではなく、誰もができる方法として、法然は称名《しょうみょう》念仏を奨励した。親鸞はこれを受け継いで東国に広めた。

親鸞はここで、念仏こそは、極楽に往生して成仏に到る、ただ一つの道だと、力強く言い切っている。

「念仏は無碍《むげ》の一道なり」

この言葉を心の奥に刻んでおきたい。

第八章

我が計らひにて行ずるにあらざれば

歎異抄第八

念仏というものは、それを唱える人にとっては、修行《しゅぎょう》でもないし、善でもありません。自分でそうしようと思って為《な》すことではないので、修行とはいえません。自分の意志から生じたことでもないので、善ともいえないのです。わたしたちが念仏を唱えるのは、阿弥陀さまのお導きによるものです。自分の力によるものではありません。すべては他力《たりき》というしかないのです。自分の手柄《てがら》だと思ってはいけません。だからこそ、念仏というものは、修行ではないし、善でもないのです。このことをよくわきまえておいてください。

【非行非善】

ひたすら念仏を唱える。それは日常性を離れた行為だというべきかもしれない。

忙しく働いている人が、夜、自宅に帰って、ほっと一息つく。そして自宅に仏壇でもあればその前に座し、何気なく念仏を唱える。

そういう日常のひとこまのような念仏ならいいのだが、仕事も生活も放り出して、まるで苦行のようにひたすら念仏を唱えて、それで何ごとかをなしたような気分になってしまう。これは比叡山の聖道門《しょうどうもん》であって、親鸞の教えからすると対極にあるような行為だ。冒頭の原文は次のようなものだ。

念仏は行者《ぎょうじゃ》のために非行非善なり。我が計《はか》らひにて行ずるにあらざれば、非行といふ。我が計らひにて作る善にもあらざれば、非善という……。

ここでは作為的な努力というものが否定されている。無心であること。何気なく念仏を唱えること。

それだけで極楽往生は約束されている。作為的に、無理をして苦行のように念仏を唱える必要はないのだ。

ここで親鸞は、念仏は修行ではなく善でもないと述べている。

それではなぜ修行をし、ことさらに善を為そうと努力するのだろうか。

平安時代の中頃に、恵心僧都源信《えしんそうずげんしん》が『往生要集《おうじょうようしゅう》』を著したことはすでに述べた。

そこでは六道輪廻《ろくどうりんね》と、極楽浄土や地獄のようすが語られている。

六道とは、生き物が死ぬとべつの生き物に生まれ変わるという世界観のことだ。その生まれ変わるゾーンが六種あるので六道という。

六種のゾーンは階層を成している。上下があるということだ。

第一は天界。神々の領域。

第二は人間の領域。

第三は阿修羅。悪しき軍神《いくさがみ》。

第四は畜生。獣や虫の領域。

第五は餓鬼。汚物を喰らう小さな邪鬼。

第六は地獄。無限の苦しみが続く奈落の底。

『往生要集』には地獄のありさまが詳述されていた。その話は比叡山の僧侶たちによって法話として民衆に伝えられた。さらに絵師たちが地獄絵図を描いて多くの人々に恐怖を植えつけた。

地獄に落ちたくない。

人々は地獄の恐怖に追い立てられるように宗教にすがった。

権力者の関白藤原頼通《よりみち》は宇治《うじ》の平等院《びょうどういん》に、阿弥陀仏を本尊とする鳳凰堂《ほうおうどう》を建立《こんりゅう》した。その父の藤原道長は九体の阿弥陀仏を並べた法成寺《ほうじょうじ》を建立した（現存しない）。

これは権力者の場合だ。

民衆は念仏にすがるしかなかった。

時にはむきになって、徹夜で念仏を唱えることもあった。苦しみながら念仏を唱えることで、比叡山で苦行をしている修行者たちの真似ごとをして、少しでも極楽浄土に近づきたいという思いをもった人々も少なくなかった。

だが親鸞は言う。

念仏は苦行ではない。無理をして念仏を唱える必要はないのだ。
他力本願。
すべてなるようになるのだと思い定めること。
それこそが極楽往生への唯一の道だと親鸞は説く。

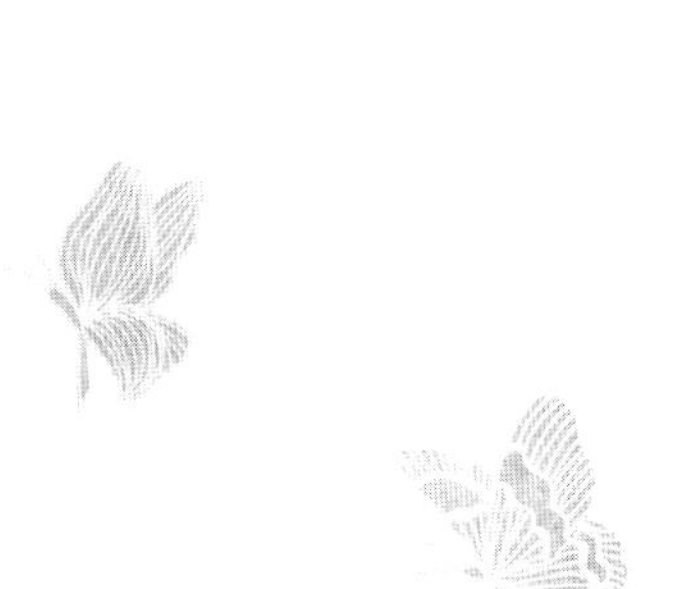

第九章

親鸞もこの不審ありつるに

歎異抄第九

わたくし唯円は、ある時、親鸞さまにこんなふうにお尋ねしたことがございます。

「わたくしは日々、念仏を唱えておりますが、躍《おど》り上がるような歓喜の気持になったことがございません。それだけでなく、いますぐに極楽浄土に赴《おもむ》きたいという切実な気持もわきあがってこないのでございます。このようなことではよくないと思うておるのでございますが、いかがいたせばよろしいのでございましょう」

親鸞さまは次のようにお答えになりました。

唯円さん。あなたもそのようにお感じになっておられたのですか。実は、わたしも同じようなことを感じて、不審《ふしん》に思っていたのですよ。

もしも自分が極楽浄土に必ず行けるということがわかれば、天まで跳《と》び上がり、地でも躍《おど》り上がるほどの歓喜があってもよさそうなものですが、よくよく考えてみますと、それほどの喜びがわきあがってこぬからこそ、いよいよ往生は確実だと思われるのですよ。本来なら喜ぶべきところを、喜ばないというのは、結局はわたしたちの心の中に、この世への未練とか、煩悩《ぼんのう》があるからではないでしょうか。まあ、ふつうの人間なら、この世に生きている限り、いろいろと欲もあることでしょう。阿弥陀さまはそういうことも、最初からお見通しなのですよ。経典の中にも、「煩悩具足《ぐそく》の凡夫《ぼんぷ》」という言葉があります。世間一般のふつうの人は、さまざまな煩悩をかかえているものです。そういう煩悩をすべて断《た》つというのは、比叡山の高僧でなければ難しいことですから、自力《じりき》でがんばろうなどと考えずに、他力本願《たりきほんがん》、すなわち阿弥陀さまのお慈悲におすがりすればいいのです。念仏を唱えていても喜びがわいてこないというのは、わたしたちが煩悩をかかえているという証拠なのです。そのような煩悩に負けてしまう心の弱い者をこそ、阿弥陀さまはお救いくださるのだと思えば、かえって安堵《あんど》できるのではないでしょうか。

極楽に往生したいという気持のうすい人は、この世に未練があるのです。死にたくないという気持も強いことでしょう。そういうお方は、ひどく疲れたり病気になってしまうと、このまま死んでしまうのではないかと、心細く感じることでしょうね。それも煩悩のなせるわざです。

輪廻転生《りんねてんしょう》をくりかえし、何度も生き死にを重ねてきたこの世というものは、いろいろ苦難も多いところですが、まだ行ったことのない極楽浄土がどんなところかもよくわからず、あまり行きたくないという気持をお持ちの方も少なくないと思われます。そういう人はよほど煩悩が強いのでしょうね。この世というものにどれほど未練があったとしても、この娑婆《しゃば》世界との縁が切れて、力尽き、あの世に旅立たねばならぬ時が必ずやってきます。

そんなに早く浄土に行きたくないと思っている人、数多くの煩悩をかかえている人、そういう人をこそ、阿弥陀さまは救わねばならぬとお思いになって、誓願をして長く修行に励まれたのですから、どうぞご安堵なさってください。阿弥陀さまのお慈悲と、大いなる本願によって、いよいよ極楽往生はまちがいなしと思っていただいてよいのです。

躍《おど》り上がるほどの喜びをもって念仏を唱え、一刻も早く浄土に往生したいと思っているようなお方は、もしかしたら煩悩など、かけらもない人なのでしょう。そういう人は、阿弥陀さまにおすがりする必要もないのですし、阿弥陀さまの救いの手も、あとまわしになるのではと、かえって心配になるくらいです。

【踊躍歓喜】

「念仏申し候へども、踊躍歓喜《ゆやくかんぎ》の心おろそかに候《そうろ》ふこと……」という文章でこの章は始まっている。

「踊」はダンスする、「躍」はジャンプすることで、とにかく嬉しくて跳びはねるような状態をいうのだろう。「歓」は願いがかなった時の心の底からの嬉しさ、「喜」というのは、とにかくめでたいという楽しさを意味している。

これだけの漢字を四文字並べて、唯円は親鸞に質問する。

念仏を唱えて極楽に往生できるのであれば、もっと嬉しいはずなのに、自分にはそんな気持がまったくありません。これは信心が足りないからでしょうか。

そんなふうに不安げに問いかけた唯円に、親鸞は答える。

わたしもそうなのですよ（親鸞もこの不審ありつるに）……と。

これはすごいやりとりだ。

専修念仏を勧める親鸞が、念仏に喜びを感じていない。

場合によっては誤解を受けかねない、問題発言だというべきだろう。

この言葉は何よりも、唯円だけがそばにいるという特殊な状況設定で語られたものだということを、充分に認識しておく必要がある。

「親鸞もこの不審ありつるに」

というのは、唯円だけに語られた言葉だ。

お釈迦さまも、弟子に応じて特別の教えを説くことがあった。対機説法といわれるものだ。

一般の信徒には禁欲を説いたお釈迦さまが、断食の修行にむきになって取り組んでいる弟子に対しては、断食せねばならぬというのは一種の欲だから、ほどほどにしなさいと助言することになる。

どんなことでも、やりすぎはよくないのだ。

地獄は一定《いちじょう》すみかぞかし、という親鸞の言葉はすでに紹介した。

これは、師の法然にだまされたとしても、もともと地獄はわがすみかだから、後悔しない、という文脈の中で語られたものだ。

親鸞は比叡山の学僧として二十年間修行をした。

親鸞に限らず、学僧というものは、最初からおのれの欲望は捨てようと志している。比叡山の学僧が最初に学ぶものに、「四弘誓願《しぐぜいがん》」というものがある。

鎌倉仏教の始祖たちも比叡山で学んだということはお伝えした。現在も多くの宗門が、この教えを伝えている。宗門によって語句にわずかな違いがあるのだが、わたしが勤務している大学でも、入学式と卒業式には必ず、四弘誓願が唱えられる。

衆生《しゅじょう》無《む》辺《へん》誓願《せいがん》度《ど》
煩悩《ぼんのう》無《む》数《しゅ》誓願《せいがん》断《だん》
法門《ほうもん》無《む》尽《じん》誓願《せいがん》学《がく》
仏道《ぶつどう》無《む》上《じょう》誓願《せいがん》成《じょう》

これは仏の誓願とも菩薩の誓願とも呼ばれている。比叡山の修行者は、自らが仏となり、菩薩となって、衆生と呼ばれる一般の人々を救うのが目標だ。自分が救われたいとは思っていない。山岳修行など、苦しい修行を続けるのも、自分のためではなく、民衆を救うためなのだ。四弘誓願の意味は次のようなものだ。

救わねばならぬ無限の人々をすべて彼岸に渡すことを誓う。
無数にある煩悩のすべてを断って修行に励むことを誓う。
学ばねばならぬ原理は尽きないがすべてを学ぶことを誓う。
仏の道はこの上もなく高いがすべてを成し遂げることを誓う。

そのように修行に励むことを、菩薩行という。

菩薩とは、成仏できるだけの修行を積みながら、人々を救うためになおこの世にとどまっている修行者のことだ。

人々を救いたいという思いもまた、煩悩なのかもしれない。だとすれば菩薩は煩悩のゆえに、永遠に成仏できない存在なのだ。

親鸞は、すべての人々を救いたいと思い、修行に励んできた。比叡山での二十年の修行ののちに、法然の門下に入った。それは聖道門《しょうどうもん》を離れ、浄土門《じょうどもん》に入るということだ。しかし親鸞は、念仏を唱えることによって、自らの救いを求めたわけではない。浄土門の方が、より多くの人々を救えると信じたからだ。

すべての人々を救い終えるまでは、自分は彼岸には赴かない。地獄に落ちれば、地獄で教えを説き続ける。そして地獄の人々をすべて極楽に導き、地獄に一人も人がいなくなるまでは、地獄にとどまり続ける。地獄の門を最後に出るのが自分だ。

地獄は一定すみかぞかし、という言葉には、親鸞の覚悟が示されている。

しかしふだんの親鸞は、そういう覚悟をあえて語らず、人に応じて、その人に最適の教えを説いている。

唯円が、念仏を唱えても喜びがないと言えば、わたしもそうなのだよ、と応じる。

どこかとぼけたような親鸞の物言いが、唯円の心をとらえたのだろう。

歎異抄の心髄ともいうべきものが、この章では語られている。

第十章

念仏には無義をもって義とす

歎異抄第十

なぜ念仏を唱えるのか。そこには義というものはありません。あえていえば、無義だというのが義なのです。理屈を立てて、こういうわけで自分はこうするのだ、といったことを、言葉で表現することはできないのです。言葉で称することも、説くことも、考えることもできない。それが念仏というものの本義なのです。

【無義の義】

義というのは、儒教《じゅきょう》では、利己的な「利」に対して、世の中の全体を利する正しい行いのことを指す。キリスト教では、「罪悪」に対する「正義」といった概念だ。

しかしここで親鸞が言っているのは、それを正しいと判断する理屈、というくらいの意味だろうと思われる。

念仏に関しては、そういう義はない。義がないことが、念仏の義なのだ。だから「無義の義」という。不可称であり、不可説であり、不可思議である。

それが念仏なのだ。

弥陀の誓願不思議……という言葉で始まった歎異抄は、ここに至ってもう一度、駄目押しのように、「不思議（不可思議）」という言葉で締めくくられる。

ここで歎異抄という聞き書きは、いったん終わっていると考えることもできる。というのは、この十章と、次の十一章の間には、「別序」と呼ばれる詞書《ことばが》きが付けられているからだ。

唯円は歎異抄を前半と後半に分けて、その区切りの部分に「別序」を置いた。

前半と後半とでは、文体も違っている。

前半は、親鸞の教えの心髄ともいうべき言葉が、ごく簡潔に記されている。唯円による問いかけの部分を除いては、文章のすべては親鸞の言葉だという立て前になっている。

それに対して後半は、東国で展開されている異説についての、詳細な反論といった趣《おもむき》がある。各章の長さも長くなっている。

何よりもここから先は、親鸞の言葉を時に引用しながらも、唯円自身が自分の言葉で語るという文体になっているのだ。

そこでこの本も、この十章まででいったん区切りをつけ、少し休憩の時間をとって、改めて作者の唯円という人物について考察してみたい。

別序があるくらいだから、歎異抄の冒頭には、序文がある。

短いものだが、この時代の書物には多い漢文の序文がつけられている。仮名に対して漢文は「真名」

といわれる。それゆえ真名序と呼ばれる冒頭の序文に対して、別序の方は、本文と同じ、当時の話し言葉に近い古文で書かれている。

ここで改めて、漢文の真名序と、古文の別序を、並べて読んでみたいと思う。

中休の章

先師の口伝の真信に異なることを嘆き

歎異抄真名序

ひそかに愚かな考えをめぐらせて、師の親鸞《しんらん》さまがお元気であられたころと、年月が経過したいまとを比べて思案してみますに、生前の師からじかに伺《うかが》ったまことの信心とは大きくかけはなれた異説が横行していることを歎《なげ》かずにはおられません。これから親鸞さまの教えを学ぼうとする人にとっては、そういう異説のどれを信じたらよいのか、混乱を起こすのではないかと懸念《けねん》されます。

中には、親鸞さまの教えを正確にお伝えしようと努めておられる導師がいないわけではないのですが、そういう方に運良く出会うことのできなかった人にとっては、この浄土門という易行《いぎょう》にどのようにして入門すればよいのか、途惑うことも多いのではないでしょうか。自己流の解釈が横行し、阿弥陀さまのお慈悲に無心にすがって救いに到るという他力本願の教えが、異説によって乱されることがあってはならないと思います。

そういうわけですから、亡くなられた親鸞さまが語られたお話の内容を、わたくしの耳の底にいまも響いているお話しぶりをそのままに、わずかでも書き残しておきたいと念じております。これはひとえに、念仏の道に進もうとされている同行《どうぎょう》の皆さまの疑念や迷いが、少しでも晴らされればと思って書き記すしだいでございます。

歎異抄別序

そもそも師の親鸞さまが生きておられたあのころ、同じ志《こころざし》をもった仲間の皆さまと、はるかに遠い京に旅立ちました。お互いを励ましながら、信心を一つにして、心は未来の極楽浄土への往生に向かい、皆さまとともに親鸞さまのもとに集まって、お言葉を伺うことができました。それらの皆さまが師のお言葉を東国各地の人々にお伝えして、老若多数の人々がそれを聞かれたことと存じます。しかし最近は、親鸞さまのお言葉や、その解釈をめぐって、実際の師のお言葉とは異なったことが伝えられたり、師のご趣旨とは異なった解釈が、人々に伝えられているようでございます。その異説の詳細について、これから記していきたいと存じます。

【歎異先師口伝之真信】

歎異抄には漢文で記された序文（真名序）がつけられている。もちろん序文の筆者は、この書を記した唯円だと考えられる。

わたしは歎異抄の超口語訳を始めるにあたって、この序文はとりあえずは割愛することにした。いきなり親鸞の言葉から始めた方がインパクトが強いように思われたからだ。

前章の終わりでも述べたように、歎異抄という書物は十八の章によって構成されているのだが、第十章までと、第十一章以後とでは、明らかに語り口が異なっている。

ここまでは、親鸞のお言葉だけが記されているのに対し、これから先は、唯円自身の語りの中に、親鸞の言葉が随時引用されるといった語り口になっている。

唯円自身、ここから先の語り口が変わってしまうことを自覚していて、前置きのようなものをはさむ必要を感じたのだろう。

そこでわたしの超口語訳も、「中休《なかやすみ》の章」として、最初の漢文の真名序と、和文の別序を、ここに掲げることにした。

漢文で書かれた序の一節に、「先師口伝ノ真信《せんじくでんのしんしん》ニ異ナルヲ歎《なげ》キ……」というくだりがある。読み下すとそういうことになるのだが、元の漢文では「歎異先師口伝之真信」という文字の並びだ。まさにタイトルの「歎異《たんに》」という語がここに見られる。

東国の親鸞の弟子たちの間に、さまざまな異説が生じた経緯については、すでにお話ししたのだが、改めて考えてみたい。

高校時代に運動系のクラブにいた方なら、覚えがあるのではないかと思うのだが、人というものは上下関係を作りやすいものだ。一年生にとっては、二年生は先輩である。三年生になると、神さまみたいなもので、一年生は先輩の命令には絶対服従ということになりがちだ。

宗派の場合も、同じことがいえる。自分よりも前に教団に入っていた弟子は、兄弟子ということになり、新入りはいろいろと先輩から教えを受けることになる。入門したばかりの弟子は、当然のことだが、何も知らない。何だ、そんなことも知らないのか、と先輩に言われたら、新人は頭を下げるしかない。

それは単なる知識の差にすぎず、新人も勉強すれば、先輩より豊富な知識を修得する可能性はあるのだが、先輩から叱咤《しった》されると、人間としての人格まで否定された気分になってしまう。

親鸞の教えはシンプルだ。難しい教義などはない。親鸞自身が、無義を義とする、と宣言しているくらいだから、ひたすら念仏を唱えなさいということの他に、知識などは必要ないのだが、教団を組織するということになると、指導者の立場にいる者は、教えることが何もないというわけにもいかない。

親鸞も、師の法然が著した『選択本願念仏集《せんじゃくほんがんねんぶつしゅう》』を教科書として用いていたことがあるし、東国を発《た》つ時には、一番弟子の性信《しょうしん》に、自らが記した『教行信証《きょうぎょうしんしょう》』の写本を手渡している。この書は、漢文で書かれているやや難解なものだ。漢文の読める弟子は、これを勉強して、若い弟子たちに自慢げに解説するといったことがあったのかもしれない。

そういう弟子の態度は、親鸞にとっては認めがたいものだったはずだが、東国から親鸞がいなくなってしまうと、さまざまな宗派が生じ、中には難解な教義をふりかざして、入門したばかりの弟子を威嚇《いかく》する者も現れたのではないだろうか。

先にも述べたが、造悪無碍《ぞうあくむげ》という、悪を重ねた方が救われやすいというまちがった解釈が暴走して、やりたい放題のことをする宗派もあれば、危ない感じの人物は入門を許さないという厳格なところも出てくる。

宗派を作ると、何らかの儀式が必要になるし、皆でいっしょに修行をするという機会も設定しないといけない。

声を揃えて徹夜で念仏を唱えるということもあるだろう。途中で眠くなって脱落するような弟子が、排除されるということになれば、排除された者に対して、おまえは努力が足りないから地獄に落ちるだろう、などと悪口を言う者も出てくる。

そもそも念仏というものは、何回も唱えなければならないというものではないはずだ。

親鸞も身を置いたことのある法然の吉水草庵《よしみずそうあん》のあった場所には、いまは知恩院《ちおんいん》という大きな寺院が建立《こんりゅう》されている。その知恩院とは別に、京都大学の近くに知恩寺という浄土宗の寺がある。

その寺の別称は、百万遍《ひゃくまんべん》だ。

室町時代の初めに、知恩寺の住職が疫病を鎮《しず》めるために念仏を百万遍唱えたという故事があって、そのあたりの地名にもなっている。これは祈願のための儀式であり、一種のデモンストレーションだと見るべきだろう。

念仏というのは、気持がこもっていればいいので、声を出さずに心の中で念ずるだけでもいい。念仏の回数も、多ければいいというものではない。

親鸞自身、越後から東国に向かう途上で、利根川の氾濫《はんらん》による洪水の被害をまのあたりにして、浄土三部経の読誦《どくじゅ》を始めたものの、途中でやめてしまうという体験をもっている。無理をして読経《どきょう》をするというのは、比叡山の聖道門《しょうどうもん》であり、法然の教えに反するということに気づいたのだ。このように、親鸞の態度は一貫しているのだが、弟子たちにはそれぞれの事情がある。性信のように神社の出身者もいれば、弁円《べんねん》のように陀羅尼《だらに》を唱える修験者《しゅげんじゃ》もいる。仏像崇拝の善光寺の勧進僧から教えを受けた者もいれば、比叡山と縁のある者もいる。親鸞の教えがあまりにシンプルすぎるので、弟子たちが独自にくふうをして、宗派を維持しようと試みることもあっただろう。

第二章で述べたように、異説が横行するようになった東国では収拾がつかなくなっていた。そこで唯円は仲間と連れだって、常陸《ひたち》から京まで、はるばると旅をして、親鸞の言葉を聞こうとした。

前半の十章は親鸞の教えの基本原理が示されている。これからの各章は各論といったものだ。実際に東国で起きている論争について、唯円が具体例を挙げて質問し、それに親鸞が答えるということがあったのだろうが、親鸞の言葉を引用しながらも、ここでは唯円自身が、読者に向かって、かなり長く持論を展開することになる。

十章までの語りは、親鸞自身の言葉の心髄だけを集めたものだが、十一章からは、主体的に語っているのは唯円で、親鸞の言葉は時に引用されるだけだ。そのことを念頭において読み進めていただきたい。

わたしの超口語訳も、唯円が語っていることがわかるように、少し文体を変えてある。とにかく、先に進むことにしよう。

第十一章

誓願名号の不思議一つにして

歎異抄第十一

わたくし唯円が、東国の各地を回っておりました時に、さまざまな指導者の方々と出会いましたが、中には、こんな指導でよいのかと、いぶかしく思うこともございました。たとえば、文字を一字も読めない初心の信徒が念仏を唱えているのをさえぎって、いかにも先輩らしい威厳《いげん》をもって、こんなことを言う指導者がおりました。

「おまえは阿弥陀さまのご誓願《せいがん》の不思議な力を信じて念仏しているのか、それとも南無阿弥陀仏という名号《みょうごう》の不思議な力を信じて念仏しているのか、どちらなのだ」

そんなことを問われても、初心の人は何のことやらわからず、動揺するばかりでございましょう。そのようにわけのわからないことを言って人をおどし、先輩としての威厳を示そうとするのでしょうが、ご誓願や名号について、何の説明もせずにこういう質問をするのは、かえすがえすも、やってはならぬことだと心しておくべきではないでしょうか。

ご誓願の不思議によって、誰でもたやすく信心できるようになり、誰でもたやすく念仏を唱えられるように、南無阿弥陀仏という名号を、阿弥陀さまは用意してくださったのでございます。

この名号さえ唱えれば、誰もが極楽浄土に迎えられると、阿弥陀さまはお約束くださったのですから、何よりも、阿弥陀さまの大いなる慈悲と大いなる本願の不思議を頼りとして、わたくしどもは輪廻転生《りんねてんしょう》の迷いと無限の生死のくりかえしから脱出できるのだと信じるべきでございます。

そうすればおのずと念仏の名号が口をついて出てくることになりましょう。わたくしたちが念仏を唱えるのは、すべて阿弥陀さまのおはからいでございます。自分でがんばって念仏を唱えているなどと考えてはなりません。自分でがんばるという気持が消えた時に、初めて無心に阿弥陀さまの慈悲にすがる気持になり、そのまま極楽浄土に往生できるのでございます。

阿弥陀さまのご誓願と、たやすく口に唱えることのできる六字の名号は、一つにつながったものですから、これを分けて考え、無用な理屈を並べる必要はないのでございます。

しかしながら、誤った教えを説く方々の中には、自分勝手な考えをさしはさんで、何が往生の助けになり、何が往生のさまたげになるのかと、二つに分けていろいろ理屈をつけておられるようでございます。

そうした無意味な理屈を語るお方は、阿弥陀さまのご誓願を無心に信じるという道からはずれた人というしかありません。これは往生の助けになる、これはさまたげになると、自分で考えるのは、自力《じりき》の修行であって、他力本願《たりきほんがん》の本義とは異なるものでございます。自分で何とかしようと考えてしまうと、念仏そのものも、無理をして唱えることになり、苦行になってしまいます。

そういう自力に頼っておられるお方は、名号の不思議というものも、信じておられないのではないでしょうか。

極楽浄土の周辺には、阿弥陀さまの慈悲にすなおにすがれない、自力にこだわった人でもたどりつけるような、化身土《けしんど》という世界が用意されております。

そこには阿弥陀さまの化身《けしん》の仏《ほとけ》がおられて、おのれにこだわりすぎた人々や、罪が重く反省もしていない人々でも、必ずいつかはまことの極楽浄土に行けるようになっておりますから、最終的には浄土に往生できるのでございますが、それらもすべて、阿弥陀さまのおはからいなのでございます。

そのようなわけでございますから、自分であれこれ考えたりせずに、ひたすら阿弥陀さまに身を任せればよいのでございます。念仏とは何かとか、念仏は何回唱えたらよいのかとか、そんなことを考える必要はございません。

阿弥陀さまのご誓願と、名号とは、まったく一つのものでございますから、ひたすら信じて無心に念仏を唱えておればよいのでございます。

【仏像と六字名号】

歎異抄の後半は、一つ一つの章がやや長く、理屈っぽくなっている。

親鸞の言説はとてもシンプルなもので、第十章までの親鸞の言葉も、ごく簡潔に書かれているのだが、ここから先は唯円が自分の言葉で語っているので、語り口が少しばかり変わっている。

東国においては、親鸞の直弟子《じきでし》や孫弟子たちが、それぞれに異説を唱え、派閥《はばつ》争いをしていたようだ。時には激しい論争も起こっていたのだろう。唯円自身も論争の中に巻き込まれて、思わず理屈っぽい物言いになってしまったのかもしれない。

とはいえ、ここで語られているのは、唯円の言葉であると同時に、親鸞自身の言葉であるといってよい。親鸞から聞いた教えを、唯円はそのまま語っているのであって、唯円が勝手に、親鸞の教えを捏造《ねつぞう》したわけではないのだ。

一般の信徒に向けて教えを説く時は、親鸞はきわめてシンプルな言葉を語った。晩年の親鸞は、多くの和讃《わさん》を書き留めているが、東国にいたころも、田植歌に託《たく》して教えを説くといったことも試みている。

しかし、唯円のような限られた弟子に対しては、親鸞も経典などを引用しながら、理屈をつけて教えを説いたものと思われる。

親鸞は自著の『教行信証』では、厳密な論理を展開している。

すでに述べたように、この書は親鸞自身の心覚えのために書かれたもので、さまざまな経典や論書からの引用をまじえて、理論武装しようとしたふしが見られる。

親鸞は東国にいる間は、その内容をそのまま弟子に語るようなことはしなかった。東国を去る時に、初めて一番弟子の性信《しょうしん》に、この書を託したくらいで、難解な理屈は自分一人の胸の内にとどめていたのではないかと思われる。

ここに唯円が書き留めた言葉は、東国ではこんな論争が横行しているのですよ、という唯円の報告を受け、唯円の問いによって引き出された親鸞の答えを、唯円が自分なりの解説をまじえて記したものだろう。この言葉は、あくまでも唯円だけに語られたものであると見るべきではないだろうか。

親鸞は法然の弟子だった時期に、教団の内部で兄弟子たちと激しい論争をしている。親鸞はまだ若く、法然の門下に入って日が浅かったこともあって、身構えるような気持があったのだろう。

親鸞は論理を放棄した指導者ではない。

東国にいたころにまとめた『教行信証』は、漢文で書かれているので、誰もが読めるようなものではない。性信にも、これは心覚えとして時に参照することはあっても、その中の論理を入門の浅い弟子たちにそのまま語るようなことがあってはならないと伝えたはずだ。

親鸞は『教行信証』を、帰京したあとも何度も書き直している。念仏を唱えるほかは何も知らないと言いながら、親鸞は心の内では理論を構築している。理屈っぽい弟子に対しては、理屈をもって応えるということもあり、そのために、経典や論書からの引用を集めたこの書を、何度も書き直しながら、論理を煮詰めていったのだろう。

東国から仲間たちとともに京の親鸞を訪ねた唯円は、仲間たちが東国に戻ってからも、一人だけ京に残った。

親鸞の側近となり、かなりしつこく質問を重ねたのではないだろうか。

それに応えて、親鸞もしっかりと回答した。それをまとめたものが第十一章以後の聞き書きなので、これまでの十章とは、かなりニュアンスの違った理屈っぽい論理が展開されている。

ここではまず、誓願の不思議と名号の不思議が一つのものであるということが語られている。

善光寺の勧進僧《かんじんそう》たちは、背中に負った笈《おい》の中に、善光寺の秘仏となっている阿弥陀三尊像の模造《もぞう》品《ひん》を秘めていて、時にこれを民衆に拝ませて、寄進を集めていた。

京の周辺には、宇治の平等院《びょうどういん》鳳凰堂をはじめ、阿弥陀仏を本尊とした寺院が数多くあるし、比叡山にも阿弥陀堂があった。鎌倉の大仏（最初は木造の阿弥陀像）の開眼供養《かいげんくよう》は親鸞七十一歳の時で、親鸞自身は見ていないが、唯円が活動した時期の東国の人々には広く知られていたはずだ。

仏像を崇拝するというのは、ある意味では、最も純粋な信仰かもしれない。

しかし親鸞は、仏像などもってはいなかった。

阿弥陀さまのご誓願の話を語り、六字の名号を伝え、仏像が目の前になくても、念仏を唱えるだけでいいのですよと説いた。

従って、誓願と名号とは、一体のものだ。分けて考えるのは、不必要な理屈というしかない。

ここで名号といわれているのは、六字の名号すなわち「南無阿弥陀仏」という称名念仏のことだ。

親鸞の主張には、仏像よりも名号という考え方がある。

善光寺の勧進僧が、仏像を拝ませていることに対する、対抗策という側面があったのかもしれない。民衆の中には、わざわざ信濃の善光寺まで出向いて、仏像を拝む人々も少なくなかった。

もっとも善光寺のご本尊は秘仏であって、寺僧でも見たことがないようだ。

ご開帳といって、何年かに一度、ご本尊を拝める機会が設けられてはいるのだが、それは前立ちの仏像であって、本物の秘仏ではない。

そもそも仏像というのは、仏さまのお姿を、絵画や、木彫りの仏、鋳造仏《ちゅうぞうぶつ》などによって、仮に表現したものにすぎない。

本物の仏さまは、目で見ることはできない。時に夢の中に現れるということはあるようだが、要するに、仏の姿は幻影であり、イリュージョンにすぎない。

大事なのは、信心の気持なのであって、その信心の気持を表明するために、名号というものがある。

親鸞の弟子で二十四輩の二番目に位置づけられている高田の真仏《しんぶつ》は、もともと善光寺の勧進僧から貰い受けた阿弥陀像をもっていた。真仏の父は資産家だったようで、親鸞の弟子になる前に、真仏はすでに自分の寺をもっていた。もちろん本尊は阿弥陀三尊像だった。

他の弟子たちの中には、自分たちの拠点にも、本尊となるような仏像がほしいと言い出す者があったようだ。

そこで親鸞は、大きな紙に、六字の名号を書いて、この名号を見つめながら念仏を唱えなさいと指示することがあった。現存する六字の名号の多くは、「無」の字を略字の「无《む》」とした、「南无阿弥陀仏」と書かれている。

寺院のご本尊がある位置に、この名号の文字だけがある場合がある。

これが本来の浄土真宗の在り方だとわたしは考えているのだが、もちろん現在の本願寺にはりっぱな仏像があるし、末寺にもそれぞれに仏像がある。

これは江戸時代に、切支丹《きりしたん》の取り締まりのために、庶民は必ず菩提寺《ぼだいじ》の檀家《だんか》になるようにという定めができたせいだろう。人別帳《にんべつちょう》という戸籍のようなものが作られ、そこに必ず菩提寺を記入しなければならなかった。

そういう状況の中で、地方の寺院は、一人でも多くの檀家を集めるために、本尊をもつ必要が生じた。檀家が集まれば寄進も増えるので、各寺院が競って、さらにりっぱな仏像をもつようになったのだ。

この章の原文には、「辺地《へんじ》」「懈慢《けまん》」「疑城《ぎじょう》」「胎宮《たいぐ》」という語が出てくる。わたしの訳では、「化《け》身土《しんど》」という言葉に一括した。

浄土三部経のうちの『観無量寿経』では、煩悩《ぼんのう》をかかえている人々を、九段階に分けている。そういう人々は、直接に最終的な浄土（真仏土《しんぶつど》）に行くのではなく、浄土の周辺の、予備の世界（化身土）に行くことになっている。

煩悩をかかえている人が九種類あるので、その予備の世界も九種あるとされているのだが、そのそれぞれに阿弥陀さまの化身の仏さまがいて、必ず最終的な浄土に導いてくださるというのが、平安時代の中期に広まった世界観だ。

このため大権力者であった藤原道長は、自邸の向かいに法成寺《ほうじょうじ》という寺を建て、そこに九体の阿弥陀像を安置したと伝えられる。寺は火災で消滅したのだが、いまでもこの九体の阿弥陀仏という世界観を大事に守っている寺がある。

京都府と奈良県の県境近くにある浄瑠璃寺《じょうるりじ》には、九体の阿弥陀像が残っている。また東京の世田谷区にある浄真寺《じょうしんじ》の阿弥陀像は九品仏《くほんぶつ》と呼ばれ、近くの東急電鉄の駅名にもなっている。

そんなふうに化身の仏がおられる浄土の周辺を化身土《けしんど》と呼ぶのだが、そこの呼び名はいろいろあって、ここに記されたものもその一例だ。

「辺地」というのは、文字どおり、本物の浄土の周辺ということだ。「懈慢界」は、なまけていたり、おごりたかぶっていて、すなおな信心がない人の行くところ。「疑城」は、阿弥陀さまの本願を疑う人々が行くところ。「胎宮」はあたかも母の胎内のように蓮華の花に包み込まれている状態で、そこは安全ではあるのだが、蓮の花が開くまでは最終的な浄土には赴けないというところ。

こうした本物の浄土の周辺に、その浄土に赴く一歩手前の、予備の場所が設けられているという世界観は、その基本となる思想は『観無量寿経』に書かれているのだが、他の経典や、善導をはじめとする高僧たちの論書にも、さまざまな論が展開されている。辺地、懈慢界、疑城、胎宮など、いろいろな呼び方があるのは、経典や論書によって用語が違っているからだ。

親鸞は『教行信証』の最後の章で、この化身土について、詳しく論じている。

本願に疑いをもったり、聖道門の修行が忘れられない人も、怠慢《たいまん》な人、悪を重ねる人も、理屈を述べ立てて民衆を悩ます人も、あるいは『無量寿経』の第十八願で「五逆を除く」とされた極悪人も、とにかく浄土の周辺には行けるのだし、そこで阿弥陀さまの化身の仏さまのお導きによって、いつの日か必ずまことの浄土に到達できるというのが、親鸞の教えだ。

だから誰もが必ず成仏できることに間違いはないのだが、それでも、化身土などという迂回のコースをたどるのではなく、一直線に極楽浄土に行きたいものだ。

そのためには、理屈を捨てて、ただひたすら信じるという、謙虚な気持にならないといけない。

唯円はおそらく東国で活動している時に、論争好きのライバルたちに、やりこめられた経験があったのだろう。

そんな唯円に対して、理屈っぽい指導者は化身土にしか行けないと伝えて、親鸞は唯円を励ましたのかもしれない。

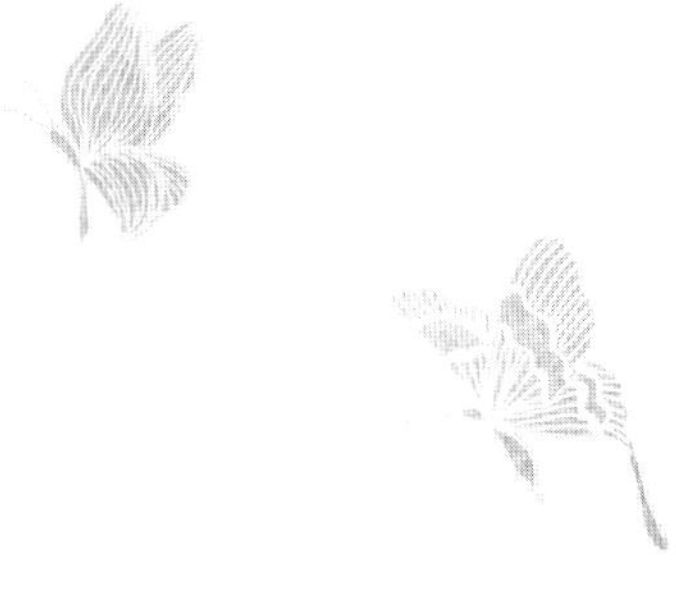

第十二章

そのほか何の学問かは往生の要なるべきや

歎異抄第十二

経典をしっかりと読まず、論書などを学ぼうという姿勢がまったくないような者は、往生できるとは限らない、といったことを説いて、無心に念仏を唱えている初心の信徒を動揺させる指導者があるようでございますが、これはまったくもってとるにたらぬ理屈でございます。

他力本願というのが、浄土の教えの基本でございます。これこそが揺るぎのない真実なのでございます。

親鸞さまが尊重しておられる高僧の教えはすべて、本願を信じて念仏を唱えさえすれば、極楽往生はまちがいないし、極楽に往生できれば必ず成仏できると説かれております。そのことを信じてさえいればよいので、わざわざ経典など読む必要はないのでございます。こんな基礎的なことがわかっておらぬ人は、いろいろと経典なども読み、勉学なさればよろしいかと存じます。しかしどれほど経典を読み、勉学したところで、阿弥陀さまの本願が信じられないというのであれば、それはまことにお気の毒なことだというしかありません。

文字というものを一文字も読めない人、経典や論書の内容をまったく知らない人、そういう人々でもたやすく唱えられるのが、南無阿弥陀仏という六字の名号でございます。それゆえに浄土の教えは易行《いぎょう》と呼ばれます。

比叡山の学僧なら、経典や論書を読んで勉学しますが、漢文で書かれた論書などを読みこなすのは、誰もができることではありません。厳しい勉学や山岳修行などの苦行が必要な聖《しょう》道門《どうもん》は、難行《なんぎょう》と呼ばれております。そこのところを勘違いして、比叡山の修行者のように、勉学することで評判をよくして、自分の名誉や利益《りやく》を得ようなどと考えているお方が、浄土門の指導者の中にもおられます。

そのようなお方は、来世の往生がかなうかどうかも怪しいといわねばなりません。親鸞さまのお手紙（『末燈鈔《まっとうしょう》』『御消息集』など）にも、そういうことが書かれており、それが確かな証拠といえましょう。

昨今、専修念仏の一部の指導者のお方《かた》が、聖道門の方（天台宗）と論争をなさって、「わが宗派が正しく、他の宗派は劣っている」などと声高に言われたとのことでございます。そういうことをされますと、浄土の教えそのものに対して、敵意をおもちになる方々《かたがた》が出てきますし、わたくしたちを誹謗中傷《ひぼうちゅうしょう》する人々も増えてまいりましょう。これはすなわち、自らの破滅を招き寄せるようなものではないでしょうか。

たとえ他の宗門の方々が、こぞって浄土の教えを否定し、「念仏は弱く劣った者にのみ説かれる、浅く賤《いや》しい教えだ」といわれることがあろうとも、論争などしない方がよろしいと存じます。

他の宗門の方々に対して、親鸞さまならばこのように言われたことと存じます。

「わたしたちは確かに、学問などできぬ劣った者でございます。そのように文字を一字たりとも読めぬ者でも、信じておれば必ず救われるといわれ、そのことをひたすら信じておるのでございます。学問し、努力をされているお方から見れば、賤しい教えと感じられるかもしれませんが、わたしどもにとっては、これが最上の教えなのでございます。たとえもっと他にすぐれた教えがあるのだとしても、それを学ぶだけの知識や能力がないのですから、手が届かないのでございます。わたしたちも、皆さま方も、生死《しょうじ》（輪廻）をくりかえし、いつかこの迷いの世から脱出したいと念じていることは同じなのですし、それこそが仏さまのお導きなのですから、わたしたちの信心を、どうかさまたげないでいただきたいと存じます」

この親鸞さまのお言葉とまったく同じことを申し述べて、なるべく逆《さか》らわぬようにしておれば、論争も起こることはございませんし、わたくしどもを批判するお方も少なくなることでございましょう。むきになって論争すれば、論争に勝ちたいという思いが煩悩となってしまいます。本当に智恵のある者は論争などせぬものだと書かれた、証拠の書（源信の『往生要集』、法然の『七箇条起請文』）もございます……。

親鸞さまはこのように言われました。

「この称名念仏の教えを信じる人々もあるでしょうし、悪口をいう人々もあるでしょう。そのようにいろいろな考えの人が出てくるということは、すでに仏さまが語っておられます。

ですから、そのことでわたしたちの信念が揺らぐものではありません。また、悪口をいう人々が現れれば、ああ、仏さまが予言されたとおりだと思い、かえって仏さまへの信頼が強くなります。仏さまのお言葉はすべて正しいのだと思えば、わたしたちが極楽浄土に往生できるというのも、まったく揺るぎのないことだと感じられるはずです。悪口をいう人が一人もいなければ、仏さまのお言葉とは少し違うなと思い、かえって不安になっていたかもしれません。とはいえ、人に批判された方がいいということではありません。信じる人もいれば、批判する人もいる、ということを予期して、心の準備をしていれば、批判されても動揺することはないということを申し上げているのです」

これが親鸞さまのお言葉です。

いまの世では、がんばって学問をして、論争によって他宗派の批判を封じようと考え、やたらに議論や諍論《じょうろん》を重ねようとして、最初から身構えておられる方々が少なくないようでございます。教えを学ぶということは大事でございますが、浄土の教えの心髄《しんずい》を学べば、ますます他力本願ということが胸にしみて、阿弥陀さまのお志《こころざし》に感謝し、慈悲の深さと本願のありがたさを心得ることになるのではありませんか。

胸のうちに疑いの心が生じ、まことに往生できるのであろうかと、信心が揺らいでいるような者でも、阿弥陀さまはお救いくださるのです。他宗派の中には、熱心に修行をしているか、厳しく戒律を守っているかで、信徒を区別するお方もおるようでございますが、すべての人々が救われるということが、浄土の教えの心髄でございますから、そのことを他宗派の人にただお伝えするということが、教えを学ぶ目的だと考え、論争などにはかかわらぬという姿勢が大事でございます。

阿弥陀さまの本願をひたすら信じ、無心に念仏を唱えている人に対し、学問をせねば往生はできぬと威《おど》すようなことを言うお方は、仏法をさまたげる悪魔であり、仏さまの仇敵《きゅうてき》でございます。他力ということの大事さをわきまえず、誤った言説で人々を迷わせる、邪悪な指導者だと言うべきでございましょう。

理屈を重ね論争を好むようなお方は、親鸞さまの教えにそむくことになるのだということを、心の底から恐れていただきたいと存じます。そしてそのようなお方は、阿弥陀さまの本願から最も遠いところにおられるのですから、憐れむべきお方だと申せましょう。

【末燈鈔と往生要集】

この章には『末燈鈔』や『往生要集』という書物の名が出てくるので、簡単に解説しておく。六十歳を過ぎてから京に戻った親鸞は、まだまだ元気で、主著の『教行信証』をより充実したものにする作業に取り組み、また多くの和讃《わさん》を創作した。

和讃とは、たとえばこんなものだ。よく知られているものを一例挙げておこう。

無明長夜《むみょうじょうや》の灯炬《とうこ》なり
智眼《ちげん》昏《くら》しと悲しむな
生死《しょうじ》大海の船筏《せんばつ》なり
罪障《ざいしょう》重しと歎《なげ》かざれ

像末《ぞうまつ》五濁《ごじょく》の世《よ》となりて
釈迦の遺教《ゆいきょう》かくれしむ
弥陀の悲願ひろまりて
念仏往生さかりなり

これは七五調のリズム感のある歌謡で、平安末期に後白河院がまとめた『梁塵《りょうじん》秘抄《ひしょう》』に収められた今様《いまよう》と呼ばれる歌謡に通じるところがある。このような歌に託して教えを伝えるのが、晩年の親鸞の関心事だった。

さらに親鸞は東国にいる弟子たちに向かって、多くの手紙を書いた。ただの手紙ではなく、弟子たちからの質問や訴えに応じた文献も多く、親鸞の思想や生活ぶりを後世に伝える貴重な資料になっている。

これらは親鸞の弟子たちによってまとめられたもので、『末燈鈔』『御消息集』『血脈《けちみゃく》文集』などと呼ばれ、のちに本願寺で集大成（四十三通ある）されるのだが、唯円が『歎異抄』をまとめていたころにも、一部が弟子たちの間で筆写され、広く伝えられていたものと思われる。

唯円のまとめた『歎異抄』は、親鸞の言葉と思想を伝えたものだが、ただの聞き書きにすぎないので、確かに親鸞の言葉であるという確証はない。そこで客観的な証拠として、親鸞直筆の手紙にも同じことが書かれていると指摘したのだろう。

もう一つの『往生要集』は、平安中期に広まった、恵心僧都《えしんそうず》と呼ばれた源信の著作で、地獄と極楽のようすが克明に書かれたこの書で、地獄の恐ろしさが民衆に広まると同時に、極楽浄土という夢のような世界のことも、多くの人の知るところとなった。

唯円はここでは、親鸞の手紙と、源信の名著を援用して、対立する宗門との論争は避けるべきだと説いている。

ただひたすら信じる、というのが浄土の教えの心髄であるから、理屈を並べて論争する必要はないということだ。

第十三章

例えば人を千人殺してんや

歎異抄第十三

阿弥陀さまの本願はまことに不思議なものでございます。理屈を超えたものですから、ひたすら信じるしかないのですが、とにかくどんな悪人でも必ず救われるということでございますから、中には阿弥陀さまの本願に甘えて、どうせ救われるのだから悪を恐れることはないと、欲にまかせて悪を重ねる者が出てまいります。

これを「本願ぼこり」と申します。

こういう者らは、浄土から最も遠き者であるという説がございますが、そういうことを説く者こそ、浄土から遠き者と言うべきでございましょう。

阿弥陀さまはすべての人々を救ってくださるのですから、「本願ぼこり」の者も必ず救われるのでございます。「本願ぼこり」の者は救いがたいなどと説く者は、阿弥陀さまの本願を信じておらず、この世で善悪がなされるのは前世の宿業《しゅくごう》であるということを、よくわかっておらぬということになりましょう。

善き心が起こるのも、前世の宿業によって、我知らず善を為すのであり、悪事を企み悪を為してしまうのも、前世からの悪業《あくごう》がもたらしたものなのでございます。

親鸞さまの仰《おお》せでは、「ウサギの毛やヒツジの毛の先にくっついている塵《ちり》のような、ごく小さい悪でさえ、すべては前世からの業《ごう》によるもので、そうでない悪などというものはないのですよ」ということでございます。

またある時、親鸞さまはわたくしに、このように問われました。

「唯円さん。あなたはわたしの言うことなら何でも信じますか」

わたくしはすぐさまお答えいたしました。

「そのように思うております」

すると親鸞さまはこのように仰せでした。

「そうであるなら、わたしの命令には必ず従う覚悟がおありですね」

わたくしは重ねて、確かにそのとおりであるとお答えいたしました。

そのわたくしの答えに対して、まったく思いがけないことですが、親鸞さまはこのように言われたのでございます。

「たとえば、人を千人ほど殺しなさい。そうすれば必ず往生できますよ、と親鸞が申しつけたとしたら、いかがなさいますか」

わたくしはあわてて、次のようにお答えいたしました。

「お聖人《しょうにん》さまのお言葉ではございますが、わたくしの器量では、ただ一人といえども、命を奪うなどということはできかねます」

親鸞さまは声を強めて言われました。

「先ほどあなたは、わたしの命令には必ず従うと言われましたね」

それから笑いながら、続けて言われました。

「ほうれ、ごらんなさい。もうわかったでしょう。思い通りに行動できるものなら、千人殺せと言われたら、殺すこともできるかもしれませんが、人の行動というものは、前世からの宿業《しゅくごう》によるものですから、そういう悪業《あくごう》をもたぬ人は、殺そうと思っても一人たりと殺せるものではないのです。反対に、前世からの悪業を負うておる者は、人など殺したくないと思うておっても、いつのまにか、百人、千人と殺してしまうこともあるのですよ」

これが親鸞さまのお言葉でございます。

善《よ》いことをなせば極楽に往生でき、悪いことをなせば極楽から遠くなるなどと理屈で考えるのは、つつしむべきでございましょう。すべては宿業なのでございますから、そこから救われるためには、阿弥陀さまの不思議な本願におすがりするしかないのでございます。自分であれこれと善悪を判断して、何事かをなさねばならぬと無理をするのは、阿弥陀さまの本願を信じておらぬ者のすることでございます。そのことを親鸞さまは、わたくしに気づかせてくださったのでございます。

親鸞さまがご存命のおり、東国によこしまな考えをもった者がおりました。その者は、悪を為したる者をも救わねばならぬというのが、阿弥陀さまの本願であるからして、できる限り多く悪をなせばよい、その方が極楽浄土が近くなるのだ、などといったことを言いふらしたということで、その悪い噂が、京におられた親鸞さまにも届いたことがありました。

そのおり親鸞さまは、次のような手紙を東国に送られました。

「薬があるからといって、毒を好んではいけません」

このように親鸞さまが書き送られたのは、悪を為した者の方が浄土に近くなるといった、誤った考えを正されようとされたためでございましょう。

悪があれば往生のさまたげになる、ということではございません。これは大事なことでございます。親鸞さまが仰せになったのは、戒律を厳しく守り、悪を遠ざけるということに徹して、極楽浄土に往生できるのであれば、それでよろしいのですが、誰もが比叡山のような厳しい修行ができるわけではありません。戒律を守ることのできぬ心の弱き者も大勢いるという世情をご覧になった親鸞さまは、我知らず悪に染まってしまう心弱き者も、阿弥陀さまの本願にすがって信心すれば、必ず浄土に往生できるという教えを説かれたのでございます。親鸞さまが教えを説かれたのは、我知らず悪に染まる心弱き人々のためということでございまして、わざと悪事を犯すような造悪無碍《ぞうあくむげ》の輩《やから》は、心得違いと申すしかありません。

また親鸞さまはこのように仰《おお》せでした。

「海や河で網《あみ》を曳《ひ》き、釣《つり》をして生計を立てている者も、野山で獣《けもの》を狩り鳥を捕って生きている者も、それらの産物を運んで商いをしている者も、害虫を駆除し雑草を引き抜いて農耕をしている者も、われ知らず殺生《せっしょう》を為《な》し罪を重ねていることに変わりはありません。これらの人々は宿業《しゅくごう》をかかえながら日々の暮らしを続けているだけで、好んで悪事をなしているわけではないのです」

親鸞さまがこのようなお言葉を述べられたのは、その当時、お弟子の中にも、浄土に赴くために熱心に信心をするということを、ことさら強調するために、善きことを率先して為すべきだと説き、生活のためにやむなく殺生する者らを排除しようとするお方がおられたからでございます。

そのようなお方は、信徒が集まる道場に、「これこれのことを為した者は道場に入るべからず」などという張り紙をしていたそうでございます。

このようなお方は、表面だけは善人のふりをしていながら、内心はひとりよがりの独断で、多くの信徒のひたむきな信仰をさまたげる、よこしまな指導者ではないでしょうか。

わざと悪事を為す「本願ぼこり」の人々も、もとはといえば、そういう誤った考えに陥る宿業を負うておったのでございましょう。そうであるならば、善きことも悪しきことも、すべては前世の宿業であると考え、ひたすら阿弥陀さまの本願におすがりするということでよろしいのではありませぬか。他力本願とはそういうことでございます。

親鸞さまも時に手本として弟子たちに読ませておられたご朋友《ほうゆう》の安居院《あぐい》聖覚《のせいかく》さまのご著書『唯信抄《ゆいしんしょう》』にも、次のように書かれております。

「阿弥陀さまがどれほどの力をおもちなのかをよく知らずに、わが身の罪業《ざいごう》の大きさを思えば救われることはないだろうと、自分で決めつけてはいけません。どのような罪業があろうと、阿弥陀さまは必ず救ってくださるのです」

そういうことですから、阿弥陀さまの本願に甘える「本願ぼこり」の気持をもってしまった人も、他力本願に頼るしかないと無心になっておれば、それで信心が定まることになるのでございます。

そこのところを心得違いして、心を浄《きよ》くして一切《いっさい》の悪から遠ざからねばならぬと、厳《きび》しい教えを説く者もおるやに聞いております。その者の説くところによれば、浄土の教えのよき信徒になるためには、悪業《あくごう》や煩悩《ぼんのう》をすべて断《た》ってから、本願を信じなければならぬ。そういうことであれば、「本願ぼこり」などということも起こらず、ただちに成仏できるのだ、といった教えが横行しておるようでございますが、これはまことに困った理屈というべきでございましょう。

世の中のすべての人々が煩悩を断つことができるというのであれば、阿弥陀さまが法蔵菩薩と呼ばれたころに、五劫《ごこう》という長い期間、本願の実現のために苦しい修行をされる必要もなかったということになってしまいます。

そういう厳しい指導者は、「本願ぼこり」などということがあってはならぬと批判されるのですが、そういうお方も、煩悩や不浄《ふじょう》をすべて断ちきったようには見えません。どのようなお方にも、阿弥陀さまに甘える「本願ぼこり」の気持が少しはあるのではないでしょうか。

そもそも「本願ぼこり」とは何でございましょうか。どのような悪が「本願ぼこり」であり、どのような悪が「本願ぼこり」ではないということになるのでしょうか。「本願ぼこり」を批判される方々は、思慮のない幼稚なお方だと申すべきでございましょう。

【宿業と本願ぼこり】

親鸞は時として、人の意表を衝《つ》くような言説を述べることがある。「地獄は一定すみかぞかし」というのもその一例だが、この章に出てくる「例へば人を千人殺してんや」というのも、どきっとするような言葉だ。

師の親鸞が弟子の唯円に「千人殺せ」と命じる。まさかと思う言葉で、唯円もびっくりしたに違いない。あわてて、「自分には一人も殺せない」と答えると、親鸞は、「ほうれ、ごらんなさい」と言って、「宿業《しゅくごう》」について語り始める。

善きことをなすのも、悪しきことをなすのも、前世の因縁《いんねん》であり、宿業というしかない。自分でこうしようと思って、善いことをしたり、悪いことをしているわけではないのだ。

このように、自力で何かできるという思いを捨て去って、ひたすら阿弥陀さまにおすがりする。これが他力本願であり、他力に徹することが、必ず極楽往生できるという安堵《あんど》につながる。

他力本願に徹している人は、すでに不安から解放され、安堵している。生きながら覚《さと》りの境地に到達しているといってもいい。

しかし他力本願にも問題点がある。安心しきって、規律がゆるみ、自堕落《じだらく》な生活をする者が現れないとは限らない。

最も問題となるのは、悪人の方が救われやすいと考えて、次々に悪を重ねる者が出てくるおそれがあることだ。極端な話、わざと悪を重ねた方が極楽に近づくと考える者が続出すれば、社会を混乱させることになるし、教団を維持することも難しくなる。

しかしながら、この章で親鸞が説いているように、人はわざと悪を為そうと思っても、たやすく悪をなせるものではない。唯円も、師の命令なら必ず従うと明言しておきながら、千人殺せと命じられると、一人も殺せないと答えるしかなかった。

親鸞は、自力に頼った修行を否定しているが、同じように、自力で悪を為そうと思っても、できるものではないと述べている。

悪を為してしまうのは、前世で為したことの因縁から生じる宿業であり、わたしたちはその宿業から逃れることはできない。

自力の努力で善きことをなそうと思っても、そのとおりにできるものではないし、悪を重ねようと思っても、宿業を負っているのでなければ、悪を為すこともできない。

だからこそ、すべてを阿弥陀さまの本願にお任せして、他力本願におすがりするしかないのだ。

しかし他力本願にすがるということで、安心しきってしまうと、世の中の規律を無視したり、暴飲暴食をする人が出てくる。

これを「本願ぼこり」という。

造悪無碍《ぞうあくむげ》と呼ばれるほど悪を重ねるわけではなくても、ちょっとしたルール違反をして人に迷惑をかけたり、暴飲暴食をして体を壊《こわ》す人は、どこにでもいるだろう。

実家が浄土真宗で、肉を食べても酒を飲んでもいいということで、やたらと酒を飲むようになり、肝臓の病気になるような人がいる。本人が自虐的《じぎゃくてき》に、「本願ぼこり」という言葉を口にする。

この「本願ぼこり」という言葉は、親鸞在世中のころからあったようで、歎異抄の原文にもこの言葉が出てくる。

阿弥陀さまの本願に甘えて、何をしても大丈夫だということで、煩悩のままに生きてしまう。そういう人のことを「本願ぼこり」といっていたようだ。

本文中にもあるように、「薬があるからといって、毒を好んではいけません」というのが親鸞の見解で、甘えてはいけないということだが、「本願ぼこり」の人が地獄に落ちるというわけではない。

五逆の大罪を犯した人でも、「化身土《けしんど》」という、浄土の周辺に往生して、いずれは「真仏土《しんぶつど》」という本来の浄土に到達できる。大罪を犯した者でも救われるくらいだから、ちょっとくらい酒を飲み過ぎたからといって、阿弥陀さまから見放されてしまうということはないのだ。

だからといって安心して、やりたい放題に乱暴狼藉《ろうぜき》をくりかえせば、結局のところ、逮捕されて処罰されるのだし、暴飲暴食をすれば体を壊して病気になる。

阿弥陀さまはどんな悪人でも救ってくださるということだが、それは死後に極楽に往生できるということだ。「本願ぼこり」の人は、死ぬ前に処罰されたり、病気になったりして、苦しむことになってしまう。

唯円が活動していた東国では、親鸞の弟子たちがさまざまな宗派を作っていた。中には、「本願ぼこり」と呼ばれるような、規律を守れない人々を、厳しく批判する者もあったのではないか。

唯円はこの章では、「本願ぼこり」の者も必ず往生できるということを強調している。ただし、酒を飲み過ぎて体を壊した者については、何も言及していない。親鸞の教えは現世利益を求めたものではなく、死後の往生を説いたものだからだ。

読者の皆さんも、暴飲暴食は慎まれた方がよいだろう。

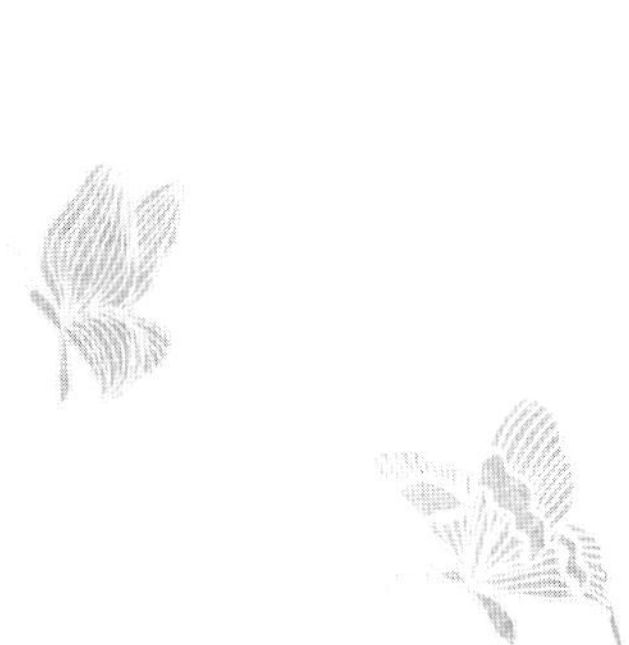

第十四章

大悲の恩を報じ徳を謝す

歎異抄第十四

いまわのきわに念仏を一回だけ唱える。たったそれだけのことでも、八十億劫《こう》もの間、罪ほろぼしのために苦役をしなければならぬほどの重罪が、そっくり消えてしまうということをお信じなさい……というような教えがございます。このことについて考えてみましょう。

この教えは、十悪五逆という大罪を犯した者が、日ごろは念仏など唱えることもなく、臨終の時に初めて、指導者の教えに従って、一声だけ念仏を唱えたとして、それで八十億劫の重罪が消えてしまうと説いています。一声で八十億劫ですから、十回ほども念仏を唱えれば、八百億劫の罪が消えてしまうことになりましょう。つまりどんな重罪の者でも、阿弥陀さまにすがる気持があれば、極楽に往生することができるのです。

それほどに、念仏というものには、大いなる利益《りやく》があるということを、この教えは説いております。

それだけを聞きますと、たいへんな利益があるように感じられるかもしれませんが、わたくしたちがふだん信じておりますことには、これとはまったく違った、もっと大きな利益があるのでございます。

なぜかと申せば、わたくしたちが阿弥陀さまのまばゆい光明に照らされて、仏の本願を信じて生きていこうと一念発起すれば、その瞬間に金剛のごとき不動の信心を胸に抱くことができます。それはすなわち、必ず往生し成仏できるという安堵《あんど》につながり、その時点ですでに覚《さと》りの境地に近い高みに到達しているのです。そのように深く安堵しておりますから、いよいよ命が終わろうという時にも、もろもろの煩悩や障碍《しょうげ》から遠く離れており、不生不滅の覚りの境地にただちに到達することができるのです。

これはひとえに、阿弥陀さまの慈悲の心から生じた本願によるもので、この阿弥陀さまの悲願がなければ、わたくしのような浅ましいほどに煩悩や罪をかかえた者は、どのようにして覚りの境地に赴くことができましょう。そのように思いましたならば、阿弥陀さまの大いなる悲願の恩に報いるため、さらには阿弥陀さまの深い徳に謝するため、一生の間、ひたすらそのお名前を称《たた》え続けたいと思わずにはおられません。

念仏は自らの罪を滅じるために唱えるものではないのです。念仏を唱える度に、罪がどんどん減っていくのだと考えれば、念仏によって自ら罪を消すということでございますから、往生するために自力《じりき》で励むということになりましょう。そうであるなら、一生の間、日々に思い念ずることのすべては、人の生き死に強い絆《きずな》で結ばれているので、命尽《いのちつ》きるその時まで、かたときも休まずに念仏を唱えなければならぬということでございましょうか。

しかしわたくしたちの一生というものは、自力では対応しきれない前世の因縁によってもたらされるものでございますから、思いがけないこともしばしば生じます。病気による苦痛によって心が乱れ、どうがんばっても念仏が唱えられないということも起こります。臨終の念仏によって罪が減じられるという考えからすれば、その念仏が唱えられないのであれば往生は難しいということになってしまうのではないでしょうか。まことにおかしな考えだと申すしかありません。

すべての人を救うという阿弥陀さまの本願によって、わたくしたちは極楽浄土に往生できるという利益《りやく》を受け取ることができるのでございます。考えることもできないようなことが起こって、罪業《ざいごう》をかかえながら、念仏も唱えずに死んでしまったとしても、その人は必ず極楽浄土に往生できるのでございます。わたくしたちはこれから浄土に赴くことになる臨終に際して、自分で念仏を唱えようと思わずとも、われ知らず念仏を唱えたいという気持になって、念仏が口をついて出てくることになりましょう。そこが阿弥陀さまの本願の不思議なところでございます。わたくしたちは自分の往生を願って念仏を唱えるのではなく、何よりもそのような本願を立てられた阿弥陀さまへの感謝の気持で念仏を唱えるのでございます。

いまわのきわに、おのれの罪を消そうとして念仏を唱えるのは、自力であり、自分だけが救われたいという、おのれ本意の考えにすぎません。わたくしたちが大事にしている他力本願の教えからは遠く離れた、まことの信心のない行為と申すべきでございましょう。

【滅罪利益と報恩謝徳】

この章の冒頭部分の文章も印象的だ。

一念に八十億劫の重罪を滅すと信ずべしということ……。

いまわのきわに念仏を一回だけ唱える。たったそれだけのことでも、八十億劫《こう》もの間、罪ほろぼしのために苦役をしなければならぬほどの重罪が、そっくり消えてしまうということをお信じなさい。

ここに「劫」という言葉が出てくる。これは古代インドの数の単位で、途方もなく長い時間、というくらいの意味だ。一説によると、神さまが差し渡し四十里もある巨岩の表面に、百年に一度だけ、やわらかい布ではたきをかける。そのことによってその巨岩が、ほこりになってすべてなくなってしまうだけの時間、ということだ。

別の説もある。四十里四方の城壁都市がある。そこに小さな芥子粒《けしつぶ》が満たされている。神さまが百年に一度、芥子の一粒をつまみ出す。そのようにして、芥子粒がすべてなくなってしまうまでの時間。

これが劫であるから、八十億劫などというのは、ほぼ無限の時間といっていい。

阿弥陀さまが法蔵菩薩として修行をされた期間が、五劫とされている。ここに出てくる八十億劫というのが、途方もない年月だということがわかるだろう。

地獄に落ちて八十億劫もの間、罪のつぐないのために業苦《ごうく》にさいなまれる。そのような大罪を犯した者でも、いまわのきわに一声だけ念仏を唱えれば、すべての罪が許され極楽浄土に往生できるというのだ。

これはすごい話ではないだろうか。

しかし親鸞および唯円は、このすごい話を肯定しているわけではない。

念仏一回で八十億劫なら、十回唱えれば八百億劫だと、そのご利益をもちあげているように見せて、自分の罪を軽くするために念仏を唱えるのであれば、それは自力《じりき》の努力であり、親鸞が説く他力本願の教えからは、遠く外《はず》れることになってしまうと、唯円は指摘する。

親鸞の教えは、念仏によって自分の罪を軽くするというものではない。第五章で述べられたように、父母や家族のためでもない。

念仏によって罪を滅することを「滅罪利益《めつざいりやく》」というのだが、念仏の目的は、そういうことであってはならないと親鸞は説く。

では、わたしたちは何のために念仏を唱えるのか。

阿弥陀さまの恩《おん》に報《むく》い、徳《とく》に感謝する、「報謝《ほうしゃ》」のために、わたしたちは念仏を唱えるのだ。

この章の言説には、親鸞および唯円の教えの特色がよく表現されている。

自分が極楽浄土に往生したい。それはエゴイズムだ。そのように「我《が》」というものにとらわれていては、成仏は難しい。

そういう「我」にとらわれている者でも、阿弥陀さまは救ってくださるのだが、親鸞の教えを受け継ぐ者は、もっと広い視野をもっていなければならない。

阿弥陀さまは、すべての人々を救うという誓願を立てて、五劫《ごこう》という長い期間、厳しく苦しい修行を続けられ、その果てに仏になられた。そのたいへんなご苦労の末に達成された本願というものに、心の底から感謝の気持を捧げる。

それが念仏なのだ。

親鸞の教えは、エゴイズムの対極にある。父母のために念仏を唱えず、ましてや自分のために念仏を唱えるのではない。

自分の救いだけを求める呪文なら、ほかにもある。たとえば陀羅尼《だらに》、あるいは真言《しんごん》と呼ばれる呪《じゅ》文《もん》だ。

陀羅尼とは、文脈をもたない梵語《ぼんご》の集積であり、多種多様の呪文が伝えられている。

そのうちの短いものが、とくに真言と呼ばれて、大事にされている。

「般若心経《はんにゃしんぎょう》」という短い経典は、人は真言によって覚りの境地に到達できると説き、その最後に、秘密の呪文を掲げている。

掲帝掲帝《ぎゃていぎゃてい》　般羅掲帝《はらぎゃてい》　般羅僧掲帝《はらそうぎゃてい》　菩提僧莎訶《ぼじそわか》

これが般若心経の末尾に掲《かか》げられた呪文だ。

般若心経は末尾の真言だけでなく、短い経典の全体が、呪文のように唱えられる。これは真言宗だけでなく、天台宗や禅宗系の宗派でも尊重されている。浄土系の宗派でも祈願や儀礼で「般若心経」を唱えることがある。

日蓮《にちれん》宗を起こした日蓮は、法華経の教えを弘めることを主眼としていたのだが、この長い経典の内容をすべて理解するのは至難であるため、一般の信徒には、経典の題目だけを唱えればよいと説いた。

すなわち、「南無妙法蓮華経《なむみょうほうれんげきょう》」という七字の唱題だ。

親鸞が帰京したころ、日蓮はまだ比叡山の学僧だった。日蓮はやがて下山して、鎌倉を中心に教えを説き始める。日蓮はきわめて攻撃的な説法をした。

四箇格言《しかかくげん》という、他宗派を批判するスローガンのようなものが伝えられている。

「真言亡国《しんごんぼうこく》、禅天魔《ぜんてんま》、念仏無間《ねんぶつむけん》、律国賊《りっこくぞく》」

日蓮が活動したのは、親鸞の布教より少しあとのことで、鎌倉には禅宗が広まっていた。伝統的な真言宗（呪文で病魔を祓う）や、鑑真《がんじん》が伝えた律宗《りっしゅう》（漢方薬と呪文を併用する）も、現世利益ということで根強い人気があった。親鸞の教えは広範囲に伝えられ、支持者が増えていた。

これら四つの宗派を、日蓮は徹底的に批判した。そんなものを信仰していると、国難が襲いかかってくるぞ、と人々を煽動《せんどう》した。

当初は相手にされず、辻説法をすると石をぶつけられたりしていたのだが、のちに蒙古《もうこ》襲来という大事件が起こって、日蓮は予言者として評価されるようになる。

「念仏無間」というのは、念仏など唱えていると、無間地獄に落ちるぞ、という威しのような言葉だ。無間地獄は地獄の中でも最も恐ろしい「阿鼻《あび》地獄」のことで、阿鼻叫喚《あびきょうかん》という表現があるように苦悶の叫びが間断なく続くということで「無間地獄」と呼ばれる。

日蓮はおそらく、念仏の普及に対抗するために唱題を普及させることにしたのだろう。

座禅は無言の沈思黙考であるが、何かを口に唱えるというのも、何も考えていないという点では同じことだ。理屈ではなく、無心になることで、仏の世界に近づいていく。親鸞の口称念仏も、無心になるという点では、同じように見えるかもしれない。

他宗派の人から見れば、念仏も一種の呪文と感じられたことだろう。

現世利益を求める陀羅尼とは違って、念仏は死後に極楽浄土に往生することを求める。しかしそれはエゴイズムであってはならない。自分のために念仏を唱えるということであれば、ほかの宗派と大差ないということになってしまう。

親鸞の念仏の独創性は、自己の救済を求めたエゴイズムではないというところにある。すべての人々を救ってくださる阿弥陀さまに、感謝する……。

阿弥陀さまに対する、報恩謝徳のために、阿弥陀さまの名を唱えるのだ。

「地獄は一定《いちじょう》」と宣言した親鸞は、自分が救われるのは一番最後でいいと考えていた。

エゴイズムの対極にあるのが、親鸞の思想なのだ。

唯円はそのことを熟知《じゅくち》していた。

座禅とも真言陀羅尼とも唱題とも違う、念仏の特徴が、ここにある。

宗派間の激しい抗争が展開されている時代を生きている唯円にとって、報恩謝徳すなわち「報謝」の念仏という考え方が、何よりも大事な親鸞の教えだと感じられたのだろう。

第十五章

弥陀の願船に乗じて
生死の苦海を渡り

歎異抄第十五

煩悩をかかえた生身のままで、この世においてただちに覚《さと》りに到達し成仏《じょうぶつ》すること。

そんな途方もないことを目指している人々がおります。

もってのほかのことだと存じます。

生身のままで覚りに到達することを、即身成仏《そくしんじょうぶつ》と申します。

真言密教では、身体で印《いん》を結び、口で真言を唱え、心で大日如来を観想する、身《しん》・口《く》・意《い》の三密《さんみつ》の秘法を根本原理として、即身成仏というものが尊重されているそうでございます。山伏《やまぶし》などは「六根清浄《ろっこんしょうじょう》」と唱えながら山岳修行をいたしますが、眼耳鼻舌身意《げんにびぜつしんい》の六根をすべて清浄にすることは、法華経においても唯一無二の教えとして説かれており、身・口・意に誓願を加えた四種の修行によって体得できるとされております。

これらは皆、自力《じりき》で難行に挑むことのできる、優れた修行者にのみ可能なことでございます。即身成仏というのは、誰にでもできるというものではございません。これに対して、来世において成仏することは、他力本願に身をゆだねる浄土の教えの本義でございまして、阿弥陀さまの本願をひたすら信じておれば、必ず達成されることでございます。これは易行《いぎょう》でございまして、高僧でなくてもできますし、善人、悪人の区別なく、誰でもできることでございます。

この世において煩悩や障碍《しょうげ》をすべて断つことは、たいへんに難しいことだと申せましょう。真言を尊ぶ修行者や、法華経を広める比叡山の学僧たちも、この世で覚りに到達することは難しいとお考えになって、来世に望みを託されるのでございます。能力のある方々でもそうなのですから、修行には耐えられず、智恵にも乏しい、わたくしどものような凡夫は、阿弥陀さまの本願にすがるしかすべはございません。阿弥陀さまを信じて、大船に乗ったような気持で、迷い多き苦海を渡り、浄土のある彼岸にたどりつくことができましたら、煩悩の黒雲はたちまち晴れ上がり、仏法の真理が明月《めいげつ》のようにたちまち現れいでて、阿弥陀さまの後光のような光明に四方八方から照らされ、おのれが救われるだけでなく、このすばらしい幸《さいわ》いを一人でも多くの人々にお伝えしたくなる、それがまさしく覚りの境地というものでございましょう。

即身成仏などということを主張するお方は、経典で語られる仏や菩薩のように、さまざまな化身にも変じることができ、仏陀に具《そな》わっているとされる三十二相やそれに付随したさらに細かい八十の特徴を具足《ぐそく》しておられ、尊い説法をされたり、奇蹟《きせき》のごとき利益《りやく》をもたらしたりもされるのでございましょう。そのようなお方がおられましたら、そのお方はまことの仏であり、修行者にとっては模範《もはん》というべきお方なのでございましょう。

親鸞さまがお作りになった高僧和讃《わさん》の、善導和尚《ぜんどうわじょう》を謳《うた》ったものに、次のようなものがございます。

「金剛堅固《こんごうけんご》の信心の
定まる時を待ち得てぞ
弥陀《みだ》の心光摂護《しんこうしょうご》して
永く生死《しょうじ》を隔《へだ》てける」

（金剛のごとき堅固な信心が定まるその時を
阿弥陀さまはずっと待っていてくださって
仏の心の光であたたかく包んでくださり
われらは迷いの世界から救われるのです）

ここに謡われているように、わたくしたちの信心が定まった時に、阿弥陀さまはわたくしたちをあたたかく包んでくださいます。そして、その後は、どんなことがあっても見放してしまわれるようなことはございません。ですからわたくしたちは、もはや六道を輪廻するようなことはないのです。わたくしたちは、生死の苦しみから永遠に隔てられているのでございます。

このように苦しみから隔てられたわたくしたちは、厳しい苦行の果てに到達する即身成仏などといったものとは無縁でございます。そのようなものと、阿弥陀さまへの信仰とを、比べたり、議論したりするのは、愚かで哀れなことではありませんか。

親鸞さまもこのように言われました。

「浄土の教えの本義である真宗《しんしゅう》においては、この世では阿弥陀さまの本願をひたすら信じて、あの世の浄土において覚りに到達するということを、しっかりと学んでほしいものです」

これが亡き親鸞さまのお言葉でございます。

【即身成仏と極楽往生】

この章でまず注目されるのは、最後に引用されている親鸞の言葉だ。

「浄土真宗《じょうどしんしゅう》には今生《こんじょう》に本願《ほんがん》を信じてかの土《ど》にして覚《さと》りをば開くと習い候《そうろ》うぞ」

わたしの現代語訳ではこうなっている。

「浄土の教えの本義である真宗においては、この世では阿弥陀さまの本願をひたすら信じて、あの世の浄土において覚りに到達するということを、しっかりと学んでほしいものです」

注目していただきたいのは、「浄土真宗には」というところが、「浄土の教えの本義である真宗においては」となっていることだ。

確かにこのくだりには、のちに宗門の名称となる「浄土真宗」という語が用いられてはいるのだが、親鸞自身がこういう名称をつけたわけではない。親鸞はただ法然《ほうねん》から学んだ教えを東国で広めただけで、自分が新たな宗門を起こしたとも考えていなかったようだ。

このくだりで用いられた「浄土真宗」という言葉は、わたしが訳したように、「浄土の教えの本義」というくらいの意味だと考えられる。

実際に親鸞以後も、称名念仏《しょうみょうねんぶつ》を本義とする宗派は、法然の後継者や、のちに踊り念仏で人気を集めた一遍《いっぺん》の時宗《じしゅう》も含めて、浄土宗と呼ばれていた。

戦国時代、蓮如《れんにょ》が率いた宗門は「一向宗《いっこうしゅう》」と呼ばれたが、これは各地で一揆《いっき》を起こして、ついには加賀《かが》一国を支配した宗門に対する一般の人々の呼び方で、いまでいえば「原理主義」とか「過激派」というくらいの意味だったのではないかと思われる。

蓮如は他の浄土宗とは違うという意味で、「浄土真宗」という言い方をしていた。ただし一般には「一向宗」という呼び方が定着してしまったようで、江戸時代になってからもこう呼ばれることが多かった。

ともあれ、「浄土真宗」という語を最初に用いたのが、開祖の親鸞だということは、歎異抄のこのくだりからもうかがえる。

さて、この章の中心テーマは、即身成仏と極楽往生だ。

真言宗などの密教では、即身成仏ということがいわれる。

江戸時代の後期には、五穀《ごこく》を断《た》って木の根や皮だけを食する木食修行《もくじきしゅぎょう》の末に、土中に生き埋めになって覚りに到達する土中入定《にゅうじょう》という試みが、一部の地域で根強い信仰となっていた。これは即身仏といわれるもので、一種のミイラだ。

真言宗を起こした空海も、そのような修行をしたと伝えられるのだが、ここでいう「即身成仏」とは、生きながらすでに仏さまのような穏やかな境地に到達した高僧のことで、いわゆる「生《い》き仏《ぼとけ》」だ。比叡山の天台宗でも、千日回峰行を達成した高僧は、生き仏になるといわれている。

この章の始めの部分は、そうした即身成仏について語られる。

文脈からすると、そういう高僧が存在するということを、肯定しているようにも感じられるのだが、途中から論旨は逆転する。

生き仏といわれるようなお方はりっぱな高僧には違いないが、浄土の教えとはあの世への往生を求めるもので、苦行の末に仏陀になる即身成仏と、極楽往生が約束された瞬間にあらゆる不安や苦しみから解放される浄土真宗とは、比べても仕方がないということだ。

苦しむのが好きで、苦行に耐えるだけの資質をもっているお方は、生き仏になられるのもけっこうだが、もともとそういった能力を有していない凡夫は、阿弥陀さまの本願にすがるしかないのだし、それであらゆる苦しみから解放されるのだから充分だというのが、本章の趣旨だろう。

前章では、陀羅尼や唱題と、念仏とが比べられていた。本章では、即身成仏に言及している。実のところ、高僧を「生き仏」とするのは、真言宗や天台宗だけではない。

中興の祖と称される蓮如の時代、親鸞の血筋が伝承された本願寺は、親鸞の後継のあまたある宗派の、一つの分派にすぎなかった。

東国の各地に、親鸞の弟子たちが起こしたさまざまな宗派が活動を続けていた。そのそれぞれの宗派に、善知識《ぜんちしき》と呼ばれる高僧がいて、門徒たちを率いていた。

そうした高僧は「生き仏」とされ、その人の言葉は、経典の言葉や、開祖の親鸞の言葉よりも尊重されていた。

蓮如は勉学を重ねて、親鸞の著作や歎異抄などを読み込み、親鸞が教えを説いた宗門の原点に回帰すべきだと主張し、実際に行動を開始した。

おそらく唯円が歎異抄を執筆していた当時にも、親鸞の弟子たちが起こした宗派では、その弟子が高僧として崇《あが》められ、「生き仏」とされていたのだろう。

信徒たちは、書物を読んで教えを学ぶわけではない。教団の指導者の言葉を聞き、そのお方を尊敬することで、信心を深めるのだ。

どの宗派にもそれぞれに「生き仏」がいた。

唯円は真言密教の「生き仏」を批判しながら、親鸞の直弟子たちの中にも、宗派の人々から高僧と崇められている「生き仏」のような存在があることを念頭において、この文章を書いたのかもしれない。

親鸞自身は、自分を「生き仏」などとは考えていなかったし、弟子たちからも「生き仏」扱いされることを拒否し、およそ高僧らしくない生き方をしていたのではないかと、わたしは考えている。

親鸞は自らを「愚禿《ぐとく》」と呼んだ。「愚かなオカッパ頭」というくらいの意味だ。

流罪になっていたころの親鸞は、僧籍を剥奪《はくだつ》されていたので、正式の僧侶のように、剃髪《ていはつ》することを禁じられていた。俗人のように髷《まげ》を結うわけでもなく、ボサボサの頭だったのだろう。親鸞を描いた肖像画が残されているし、のちに描かれた絵伝《えでん》などを見ても、晩年の親鸞は僧侶らしくきちんと剃髪《ていはつ》している。

しかし署名などをする時は、「愚禿釈親鸞《ぐとくしゃくしんらん》」と書いた。「釈」というのは、お釈迦さまの弟子というくらいの意味で、浄土真宗の法名にはこの文字が使われるのがならわしになっている。「愚禿」という呼称を使い続けたのは、比叡山の高僧のような、威厳とは無縁の、親しみやすい指導者でありたいという、親鸞の決意のようなものがあったのではないかと思われる。

親鸞の妻の恵信尼《えしんに》は、晩年の親鸞の世話をしていた末娘の覚信尼《かくしんに》に、父ぎみが亡くなられたら奇《き》瑞《ずい》が起こらないかよく確認するようにと、手紙で指示を出していたようだ。

高僧が遷化《せんげ》（あの世に旅立つこと）した時には、五色《ごしき》の雲がたなびいたり、たえなる音曲が聞こえたり、芳香《ほうこう》がただようなど、瑞相《ずいそう》が生じるという通説があった。

しかし親鸞が亡くなった時、覚信尼はどのような瑞相も確認できなかったようだ。そのことを伝えた手紙は現存しないのだが、母の恵信尼からの手紙が残っていて、「瑞相などがなくてもわたしの信念は揺るがない」といったことが書かれている。

親鸞の生前、恵信尼は、夫が観音菩薩になった夢を見ている。

恵信尼は、親鸞がただものではないということを熟知していた。しかし親鸞は弟子たちの前では、けっして「生き仏」のようにはふるまわなかった。

親鸞自身、「わが身には臨終《りんじゅう》の善悪をば申さず」と言って、臨終に瑞相が生じるかどうかは、どうでもいいといった態度を示している。

晩年の親鸞をよく知る唯円は、伝統的な仏教の高僧とはまったく違う、親しみやすい親鸞の姿を、この歎異抄でも強調しているように感じられる。

第十六章

廻心といふことただ一度あるべし

歎異抄第十六

本願を信じている信徒が、何かの拍子に腹を立てたり、悪しざまな言動をしたり、仲間たちに向かって口論を挑んだり、といった過《あやま》ちを犯した場合は、必ず悔《く》い改めて廻心《えしん》せねばならぬということが、言われておるようでございます。

しかしこれは、悪を断《た》つ努力、よきことを為《な》そうという努力を奨励《しょうれい》する、自力《じりき》の教えと言うべきではございますまいか。

阿弥陀さまの本願をひたすら信じるという、一向専修《いっこうせんじゅ》の信徒は、廻心というものは、ただ一度きりのものと心得るべきでございましょう。

廻心とは、他力本願という浄土の教えの本義を知らなかった人が、阿弥陀さまから智恵をさずかって、これまでの生き方では往生はできぬと覚《さと》り、心を改めた時の、ただ一度きりのものでございます。これからはひたすら本願を信じて生きていこうと決心する、それこそがまことの廻心でございましょう。

廻心というものが一度きりのものではなく、あらゆる事について朝な夕なに過去を反省してその度に廻心し、そうした廻心の積み重ねで往生できるのだと考えてしまうと、困ったことになってしまいます。人の命はわずかな息の出入りの間にも尽きてしまう、まことにはかないものでございます。誰に対してもやさしく柔和《にゅうわ》に接し、他人からの屈辱に耐える忍辱《にんにく》の心をもった、穏やかな境地に到達できるように、充分に廻心を重ねるいとまもなく、過《あやま》ちを正す前に命が尽きてしまうこともあるでしょう。そういう人は、阿弥陀さまの本願から外《はず》れて、浄土に赴《おもむ》けないということになってしまうのでしょうか。それでは阿弥陀さまの誓願がむだになってしまうのではありませんか。

何度も廻心せよと命じるお方は、口先では阿弥陀さまの本願におすがりすると言いながら、心の内では、すべての罪人《つみびと》を救済するという阿弥陀さまの本願の不思議さをよくわかっておらず、結局は善人の方が救われるのであろうと思っているのでございます。それは阿弥陀さまの本願を疑っておる証拠でございますし、他力本願ということを信じておらぬのでございます。そのようなお方は、化身土《けしんど》と呼ばれる辺地《へんじ》に赴くことになりましょう。何ともお気の毒なことでございます。

いったん信心が定まってしまえば、極楽往生は、阿弥陀さまにお任せしたことなので、自《じ》力《りき》でどうこうするということはございません。何かの拍子に悪しきことを為《な》してしまったとしても、いよいよもって阿弥陀さまにおすがりするしかないので、自然《じねん》のままに、なるようになると思っておればよいのです。そうすれば、われ知らず柔和や忍辱の思いがわいてくることになりましょう。

よろずのことにつけて、すべてを阿弥陀さまにお任せして、自分で小賢《こざか》しきことを考えたりせず、ただぼんやりとして、阿弥陀さまのご恩の深さ重さに思いをはせておればよろしいのでございます。そうすれば、念仏もひとりでに口をついて出てくることでございましょう。これが自然《じねん》というものでございます。自分であれこれ考えずに、自然に任せる。それこそが他力本願ということなのでございます。

そうであるのに、自然ということと、他力ということを、まったく違うことのように説く者がおります。何とも歎《なげ》かわしいことでございます。

【廻心ということ】

仏の教えによって、それまでの悪い行《おこな》いを悔《く》い改め、正しい道に入ることを、廻心《えしん》という。信心というものと縁のなかった者が、念仏を唱えるようになる。これが廻心なのだが、念仏を唱えていても、行いの改まらない者がいる。怒りっぽい人、すぐに悪口を言ってしまう人、論争が好きな人……。こういう人の性格は、たやすく改められるものではない。

その度に、自分は間違っていたと反省する。これを廻心と呼ぶなら、人は何度も何度も、廻心しなければならないことになる。

しかしそのようにくりかえし反省するのは、自力《じりき》の行為であり、他力本願《たりきほんがん》という浄土の教えからは外れることになる。

廻心ということただ一度《ひとたび》あるべし。

これが親鸞の言葉なのか、唯円自身の言葉なのかは、文脈だけでは不明だ。

確かに親鸞は、「愚禿鈔《ぐとくしょう》」の中で、「一乗円満の機は他力なり、漸教《ぜんきょう》廻向の機は自力なり」と述べている。

一乗というのは、人を区別せずに、すべての人が救われるという考え方だ。阿弥陀さまの本願を信じて浄土に往生することを意味している。

一方、漸教というのは、少しずつ仏に近づいていく教えということで、比叡山での修行など、長い期間、苦しい修行を続けなければならない教えのことを言っている。これは自力の修行であるから、達成するのは難しい。

ここでの親鸞は、浄土の教えと、既存の教えを区別している。これは法然の説いた易行《いぎょう》と難行《なんぎょう》の選択ということと、同義といっていい。

唯円がこの章で指摘しているのは、他宗派ではなく、親鸞の弟子たちの中にも、自力《じりき》の努力を求める指導者が存在するということだ。

念仏を唱えていても、日ごろの行《おこな》いが改まらない者が、師から厳《きび》しく叱られて、そのつど反省する。そういったことが親鸞の直弟子《じきでし》の宗派の中でも起こっていたのだろう。これは自力の教えであり、親鸞の教えに反すると、唯円は厳しく批判している。

唯円は親鸞から、直接にそういう言説を伝えられたのかもしれないし、ここで唯円は少しだけ、親鸞の言説を拡大解釈しているのかもしれない。とはいえそれはわずかな拡大であって、親鸞の教えから大きく外れているわけではない。

親鸞の教えは、きわめてシンプルだ。

そのシンプルさをつきつめていけば、ここで唯円が述べていることも、親鸞の教えそのものだと考えていいだろう。

念仏を唱え始めたら、すべてを阿弥陀さまにお任せして、自力でいちいち反省したりしてはいけない。他力本願とは、そういうことなのだ。

とはいえ、宗派を率いる指導者にとっては、念仏を唱え始めた弟子の中に、すぐにカッとして論争ばかりするような輩《やから》がいると、宗派の統制がとれなくなる。弟子たちが口喧嘩ばかりしていては、教団はまとまらない。指導者によっては、統制を乱す弟子に注意を与えることもあるのだろう。

師から注意されて反省するというのは、自力の修行ということになる。

他力本願という親鸞の教えからは外れてしまう。

唯円はそういう異説が許せなかった。そこで、中途半端な説を唱えて教団を維持しようとするような指導者に対して、厳しい批判をしないわけにはいかなかった。

教団の維持というのは、現実的には大事なことだ。

中興の祖と称《たた》えられる蓮如《れんにょ》が、歎異抄を禁書としたのは、歎異抄で唯円が説いていることをすべて受け容れてしまうと、浄土真宗という宗門の維持が難しくなるという、現実的な配慮があったのかもしれない。

第十七章

辺地に生じて報土の覚りを開く

歎異抄第十七

極楽浄土の辺地《へんじ》にある化身土《けしんど》に往生した者は、いずれは地獄に落ちてしまうと説く者がおります。そのようなことがどの経典に書いてあるのでございましょう。学があるところを見せびらかすような指導者の中に、そんな異説を唱えるお方がおるようでございます。歎《なげ》かわしいことでございます。経典や論書のどこを読んだら、そのような異説が生じてしまうのでございましょうか。

まことの信心を欠いた念仏の行者《ぎょうじゃ》は、阿弥陀さまの本願に疑いをもってしまい、辺地に往生してしまうこともあるでしょうが、そこで疑いをなくして罪をつぐなえば、真実の報土に往生して、覚《さと》りに到達することができると、親鸞さまは語っておいででした。

まことの信心をもった行者が少ないために、多くの人々が辺地に赴くことになるのかもしれませんが、それらの人々が地獄に行くなどということは、阿弥陀さまの本願から遠く離れた、まったくの虚妄《きょもう》と申すしかありません。

［辺地と報土］

この短い章では、辺地《へんじ》と報土《ほうど》について語られる。

観無量寿経には、人々を九種に分類するくだりがある。このことから、中心となる極楽浄土と呼ばれる真実の浄土（真仏土あるいは報土）の周辺に、九種の領域があるという考え方が生じた。これが化身土あるいは方便化土《ほうべんけど》と呼ばれる辺地だ。

辺地には、それぞれに阿弥陀さまの化身の仏がおられて、その仏のお導きによって、誰もがいずれは真実の浄土に赴くことができるとされている。

『往生要集』を著《あらわ》した恵心僧都源信《えしんそうずげんしん》もこの説を唱えた。そのため、九体の阿弥陀さまを並べた寺院が建立《こんりゅう》されることになった。

辺地に往生しても、いずれは報土に行ける。だから安心していればいいのだが、唯円がこの章で紹介しているのは、辺地に往生したものは地獄に落ちるという異説だ。

源信はその著作の中で、地獄のおそろしいありさまを、なまなましい筆致で紹介した。このことによって、平安時代の多くの人々が、地獄に落ちることを恐れるようになった。

源信は仏のイメージを想いうかべる観察《かんざつ》（観想）念仏を奨励したが、一般民衆には補助的に称名念仏を推めた。観想のできない人でも、念仏を唱えていれば報土に往生できるが、念仏を唱えない者も、いったん辺地に赴いてから、化身の仏のお導きによって、報土に到達できると説いた。

唯円はこの章で、たとえ念仏を唱えていたとしても、信心が定まらずに、阿弥陀さまの本願を疑う気持があれば、辺地に往生することもあると説いている。それでも、その辺地で罪を償《つぐな》えば、必ず報土に往生でき、成仏できると説明している。

これはもちろん、親鸞の教えをそのまま受け継いだものだ。五逆の罪を犯した者でも救われるくらいだから、辺地に往生した者が地獄に落ちるなどというのは、とんでもない虚言《きょげん》というしかない。

唯円の時代には、さまざまな異説が横行していた。その極端な例がここに記されているのだろう。

第十八章

何をもてか大小を定むべきや

歎異抄第十八

仏教教団に寄進する物が多いか少ないか。それに応じて、信徒を救済してくださる仏さまの大小が決まる。そんなことを語る指導者がおるようでございますが、まことにもって、言葉もないほどにひどい異説でございます。明らかに道理に合わぬことと申さねばなりませぬ。

この異説の明らかな誤りは、まずは仏に大小の分量があるということで、まったくありえないことでございます。極楽浄土を築かれた阿弥陀さまのお姿については、経典にも書かれておりますが、それは多くの人々にわかりやすく説かれたものでございまして、極楽往生する人にとっては、浄土で覚《さと》りに到達すれば、仏さまの姿というものはもはや考慮の必要のないものでございます。背丈《せたけ》の長短や、四角か円か、青・黄・赤・白・黒の色の違いといったものも、形についてのとらわれがなくなっておりますから、もはや考えることはないのでございます。さようでございますから、仏の大小というものもありえません。どうやって仏の大小を定めることができるのでしょうか。

大声で念仏を唱えれば大きな仏を見ることができ、小声の念仏では小さな仏しか見ることができないなどという俗説がございます。また比叡山の修行では、念仏を唱える時に、仏のお姿を観想するということをいたします。仏の世界を広く眺めようとすれば、仏の姿が大きく感じられ、仏の姿そのものに集中しようとすれば、仏の姿が小さく感じられるということがあるそうでございます。しかし、わたくしたちが念仏を唱える時には、仏の大小などといったことにとらわれることはございません。そのような異説は、まったくとるにたらぬものでございます。

さらにまた、比叡山などでは、六波羅蜜《ろくはらみつ》のうちの布施《ふせ》と呼ばれる寄進について、信徒にとっては大事なことであると説いているようでございますが、どれほど高価な宝物を仏前に捧げ、師匠に寄進したとしても、信心というものがなければ、何の意味もございません。たとえ和紙一枚、銭半文《ぜにはんもん》の寄進であろうと、他力本願の信心が深ければ、それこそ阿弥陀さまへの報謝の気持がこもっておると申せましょう。

やたらと寄進を求める指導者があるとすれば、それは仏法《ぶっぽう》を言い訳にして金品を得ようとする欲心であり、世間の人々と大差のない欲深な人物であると断じるしかございません。無心に念仏を唱えている人に、寄進をせよと威《おど》すようなことを命じる者があるというのは、まことに歎かわしきことでございます。

(原文ではこのあとに後序と呼ばれる後記が続くのだが、その部分は章を改めて語ることにする)

［仏の大小］

大きな仏と小さな仏というのは、何とも奇妙な発想だが、信徒からの寄進によって成り立っている教団（宗派）では、場合によってはここに述べられているような異説を唱える指導者があったのかもしれない。

大きな寄進をすれば、大きな仏に守られる。わずかな寄進では、小さな仏になってしまうので、必ずしも充分には救われない。そんな異説を、唯円は批判している。

そもそも仏に大小があるわけではない。仏像や仏画なら、大小はあるだろうし、きれいな色で塗られた仏像や仏画は、確かにありがたい感じがすることもある。だが仏像や仏画は、人々を仏の世界にいざなう一つの目安であり、方便《ほうべん》にすぎない。

唯円がこの歎異抄という聞き書きの最後の章に、布施、寄進の問題を置いたのは、それだけ目に余るほどの寄進の要請が横行していたということではないだろうか。

善光寺の阿弥陀三尊像は、その模造品が、勧進僧《かんじんそう》の笈《おい》の中に収蔵されるくらいの、小さなものだったようだ。その本物のご本尊は寺僧でも見たことがないようで、七年に一度、ご開帳のおりに見ることのできる仏像も、前立ちの仏といって、それ自体がご本尊の模造仏だということだ。おそらくご本尊そのものも、ごく小さな仏ではないかと考えられる。

しかし唯円の時代には、鎌倉に大仏ができていた。最初は木造の大仏だったが、十年後くらいには青銅仏の鋳造が開始されたと伝えられている。現在にまで伝えられる鎌倉大仏は、まさに阿弥陀さまのお姿を仏像にしたものだ。

阿弥陀さまは本師本仏《ほんしほんぶつ》と呼ばれる。法華経で語られる久遠本仏《くおんほんぶつ》、華厳経《けごんきょう》の毘盧遮那仏《びるしゃなぶつ》、大日経の大日如来（摩訶毘盧遮那仏《まかびるしゃなぶつ》）と同じような、宇宙そのものであるような巨大な仏さまだという信仰がある。

要するに、阿弥陀さまのお姿というのは、途方もなく大きいということだ。その巨大な仏さまは、いくら大きな大仏を造っても、表現することはできない。

親鸞は仏さまなどなくても、念仏を唱えるだけでよいのだと説いた。

それでも何かほしいという信徒には、「南無阿弥陀仏」（「南无」と略字で書くこともあった）と書いた紙を、壁に貼り付けておくことを推奨した。これを名号本仏《みょうごうほんぶつ》（六字の名号）という。

東国における布教活動の間、つねに親鸞は小さな草庵を本拠としていた。二十四輩の第二に数えられる高田の真仏《しんぶつ》は、もともと自分の寺をもち、善光寺の阿弥陀三尊像の模造仏を本尊としていた。しかし親鸞自身は寺も仏像ももっていなかった。

親鸞は求められれば、六字の名号を和紙に書いて与えた。

中興の祖の蓮如《れんにょ》も、六字の名号を大事にした。

蓮如は多くの寺院を束ね、浄土真宗を大きな組織とした偉大な人物で、当時の各地の寺には仏像があったはずだが、戦乱で仏像が破壊される場合もあったし、六字の名号なら、檀家がいただいて自宅の本尊とすることもできた。

さらに蓮如は、仏像や仏画よりも、六字の名号を重んじるという姿勢を強調した。仏像よりも念仏そのものを大事にするという、開祖の親鸞の精神に回帰したのだ。

江戸時代には、すべての民衆が菩提寺をもつことになり、仏教寺院は檀家を増やした。そのためどの寺もりっぱな仏像をもつようになったが、それでも浄土真宗の寺では、六字の名号が、仏像と同等に尊ばれている。

また六字の名号を本尊として、脇侍《わきじ》にあたる位置に、十字の名号（帰命尽十方無碍光如来《きみょうじんじっぽうむげこうにょらい》）と九字の名号（南無不可思議光如来《なむふかしぎこうにょらい》）を掲《かか》げることも奨励《しょうれい》されるようになった。

ちなみに、「尽十方無碍光如来」も「不可思議光如来」も、「無限の光」という意味の「アミターバ（阿弥陀）」を漢訳した語だが、前者は天親《てんじん》の『浄土論』、後者は曇鸞《どんらん》の『讃阿弥陀仏偈《さんあみだぶつげ》』の中に出てくる語だとされている。天親と曇鸞は、「親鸞」の法名のもととなった七高僧の第二祖と第三祖だ。

なお、名号では脇侍が掲げられることがあるのだが、仏像の場合は、浄土真宗では御本尊の阿弥陀仏像が独立している場合が多い。善光寺の阿弥陀三尊像に対して、本師本仏としての阿弥陀さまの偉大さを強調しているのだろう。脇侍の代わりに、左右に親鸞と蓮如の画像を掲げている寺院もあるようだ。

蓮如が六字の名号を大事にしたのは、高価な仏像よりも、念仏の六文字を尊ぶという姿勢を示すためで、そこには開祖の親鸞の姿勢に通じるところがある。

親鸞が寺も仏像ももたなかったのは、弟子たちに寄進を求めなかったからだろう。

布施というのは、もともとは所有欲を断つという、煩悩を克服するための修行なのだが、そういうものは自力の修行だから、親鸞の教えにはそぐわない。

この章では、唯円は力をこめて、寄進を求める指導者は欲に目がくらんでいると批判している。心がこもっていれば、寄進は和紙一枚、銭半文でもよい……。

これは、きわめてわかりやすい主張と見られるかもしれないが、教団の指導者としては、理想主義的な発想であり、過剰《かじょう》に禁欲的な姿勢というべきかもしれない。

先にも述べたように、唯円は二十四輩に数えられていない。指導者として劣っていたということではなく、教団や寺院といったものを維持していなかったのかもしれない。従って、江戸時代に二十四輩の後継者たちの寺院を列挙したガイドブックには掲載されなかったのだろう。

寄進は和紙一枚でもよい、などということでは、確かに教団は維持できない。ここには理想が語られているのであって、教団維持という現実的な側面から見れば、問題のある提案だ。

蓮如がここを読めば、これは禁断の秘書にするしかないと断じるしかなかっただろう。

蓮如は中興の祖と呼ばれる強い指導者で、浄土真宗を一つに束ね、国衆《くにしゅう》と呼ばれる小豪族の支持を得て、各地で反乱を起こした。とくに加賀においては、守護大名を駆逐して、一国を浄土真宗が支配するという状態になった。

のちに蓮如の隠居所があった場所に、石山本願寺《いしやまほんがんじ》という城砦《じょうさい》のような寺が建設され、全国統一の野望に燃えていた織田信長《おだのぶなが》にとって、最大の抵抗勢力となっていた。

寄進は和紙一枚でいい、などということを言っていたのでは、これだけの政治力はもちえない。蓮如は現実的な政治家の側面をもっていたはずだ。

蓮如の玄孫《げんそん》にあたる顕如《けんにょ》が、織田の軍勢と和睦《わぼく》し、石山本願寺は明け渡された。のちに豊臣秀吉《とよとみひでよし》がその地に大坂城を築くことになる。和睦の条件として、顕如は洛中に新たな本願寺を築いて、教団を維持することになった。この時、和睦に反対した長男の教如《きょうにょ》は父から義絶されることになった。さらに教如は豊臣秀吉と対立して、結局、顕如の後継者は教如の弟の准如《じゅんにょ》ということになった。

ところが徳川家康の時代になると、かつて加賀一国を支配した浄土真宗の勢力を恐れた家康は、父親から義絶された教如を支援して、もう一つの本願寺（東本願寺）の開設を認めた。かくして本願寺は東西に分裂して、勢力は分断された。

ここに思いがけない事態が生じる。切支丹《きりしたん》と呼ばれるキリスト教を弾圧するために、徳川幕府は民衆に対し、必ず仏教寺院の檀家《だんか》となるように命じた。つまり誰もが菩提寺をもち、人別帳に登録しなければならなかった。

このことで、ライバル関係にあった東西本願寺は、激しい檀家獲得の競争を展開して、一挙に勢力を拡大することになった。

檀家は布施と呼ばれる寄進を求められる。「布施」というのは梵語のダンナを漢訳した語だが、梵語を音写した「檀那《だんな》（旦那）」という語もある。檀家という語もそこから生じた。

檀家の寄進により、寺院の建物もりっぱになり、ご本尊として、阿弥陀仏像が造られた。豪華な仏像があると、さらに檀家が増える。檀家が増えれば、さらに寄進が増える。そのため地方の末寺も競って仏像を造るようになった。江戸時代に、寺院や仏像が次々に造られたのは、そういう事情があったからだ。

自らは寺も仏像も持たなかった親鸞の質素で謙虚な姿勢は忘れられたかに見えた。

だが、歎異抄は復活し、親鸞の本来の姿が評価される時がやってきた。

寄進は和紙一枚という禁欲主義は、質素を旨《むね》とする日本人の気質に合致していたようで、明治以降の文化人の心をとらえた。

ここには宗教というものの、美しい理念がある。

信心さえあれば、寄進など必要ない。何ともシンプルで美しい理念ではないか。

だがそれでは、教団や寺院は維持できない。そのこともまた、事実として認めないわけにはいかないだろう。

さて、これで歎異抄全十八章は終わったわけだが、本文には続きがある。

歎異抄第十八には、まだ文章が続いている。しかし、右に示したところまでが第十八章の本文で、そのあとは、歎異抄全体の後記と見ることができる。

そこで章を改めて、その後記の部分を見ていくことにする。

最後の章

善悪の二つ総じて以て存知せざるなり

歎異抄後序

ここまでに挙げてまいりましたそれぞれの条項は、そのどれもが、信心の異なりから生じたものでございましょう。

このような、考え方の対立というものは、いつの時代にも起こるものでございます。

親鸞さまが、法然《ほうねん》さまの門下に入られた直後に、親鸞さまは先輩のお弟子たちと、激しい諍論《じょうろん》（論争）をされたと伺っております。

その諍論の一つに、次のようなものがあったそうでございます。

「善信房《ぜんしんぼう》の信心も、法然上人《しょうにん》の御信心も、一つの同じ信心でございます」

当時、善信房と呼ばれていた親鸞さまは、そのように言われたのでございます。

入門したばかりの親鸞さまが、自分の信心と、師の法然さまの信心とが、一つのものだと言われたのでございますから、先輩のお弟子の方々は、さぞや驚かれたことでございましょう。

お弟子の方々は、親鸞さまを激しく非難されました。

「比叡山で智恵第一と称された法然さまと、入門したばかりの善信と、その信心が同じだということは、まったくもってありえないことではないか」

こういうお弟子たちの批判に対して、親鸞さまは次のようにお答えになりました。

「法然さまのお知恵や才覚が秀《ひい》でておられることは承知いたしております。わたくしが法然さまと同じ学識をもっておると申しましたならば、それは甚《はなは》だ僭越《せんえつ》なことでございましょう。しかしながら、往生の信心ということであれば、法然さまとわたくしと、異なるところはまったくございません。師とわたくしの信心は、ただ一つのものでございます」

この親鸞さまのお答えに対して、お弟子の方々は、義に合わぬことだと、批判を続けました。結局のところ、師の法然さまの面前で、双方の考えを述べ、どちらが正しいか、ご判断いただこうということになったそうでございます。

双方の考えをお聞きになった法然さまは、こんなふうに述べられたそうでございます。

「わたしの信心は、阿弥陀さまからたまわったものです。善信房（親鸞）の信心も、阿弥陀さまからたまわったものでしょう。すなわち、同じ一つの信心です。わたしの信心と異なる信心をおもちのお方は、わたしが往生する浄土とは、別のところに行かれることになるのではありませんか」

これが法然さまのお言葉だったそうでございます。

昨今、浄土の教えを信ずる人々の中にも、親鸞さまの信心とはいささか異なる信心をされておるようなお方がおられるようにお見うけいたします。

このようなことは、これまでにも書いてまいりましたことで、くりかえしの愚痴のようなものになってしまいますけれども、念のために書かせていただきました。

露のしずくのようにはかない、わたくしの命《いのち》が、枯れ草のように老いさらばえたこの身に、かろうじて残っておる間は、わたくしを同行《どうぎょう》と認めて集まってきてくださった方々のご質問にもお答えし、親鸞さまのお言葉をお伝えいたしてまいりましたが、わたくしの命が尽きましたのちは、さぞかし異説が飛び交って、混乱が広がることになるのではないかと、そのことを思うと歎《なげ》かずにはおられませぬ。

それゆえに、懸念《けねん》される異説の数々を書き留めて、そういう異説に惑わされかねぬ人々のために、亡くなられた親鸞さまのまことの言葉と、まことのお心をお伝えするために、その教えの心髄《しんずい》ともいうべきものを、ここに書き留めておきます。どうかじっくりとお読みいただきたいと存じます。

高僧によって伝えられた聖教《しょうぎょう》と称される教えには、真実《まこと》の教えと、権仮《かり》の方便《ほうべん》の教えがあって、双方が入り混じっておるものでございます。かりの教えを捨てて、まことの教えを学ぶ。それが親鸞さまのお考えの心髄でございます。しっかりと用心して、聖なる教えを読み違《たが》えぬようにせねばなりませぬ。その参考になろうかと思い、親鸞さまが遺《のこ》された大事な証拠のお言葉を、次に書き付けておくことといたしましょう。

親鸞さまがつねづね仰《おお》せであったことに、次のような言葉がございます。

「阿弥陀さまが五劫《ごこう》という長い期間、熟慮《じゅくりょ》を重ねて切望された本願《ほんがん》のことを、よくよく考えてみますと、それはひとえに、この親鸞ただ一人のためになされたことだと思われてなりません。そういうわけですから、数多くの悪業《あくごう》を背負ったわが身ではございますが、そのような者を救ってくださる阿弥陀さまの本願のありがたさが、つくづく身にしみて感じられます」

このようにくりかえし語っておられた親鸞さまのお言葉について、いま改めて考えてみますと、親鸞さまが尊敬しておられた七高僧のお一人の、善導大師さまの観無量寿経を解説した論書の中のお言葉が思い出されます。

「自分はいま現に罪悪を犯し、生死《しょうじ》に迷っている凡夫《ぼんぷ》であって、限りなく遠い過去より、つねに沈みつねに流転《るてん》して、迷いから逃れるすべを知らぬ身であると思い知らねばならぬ」

これはまさに金言《きんげん》ともいうべきお言葉ですが、親鸞さまのお言葉とも寸分違わず重なっております。

親鸞さまはわたくしどもの重い罪悪を背負った身を案じてくださいました。身に負うた罪悪の重さを知らず、阿弥陀さまのご恩にも気づかずに、迷い苦しんでいる者たちに、「この親鸞も重い罪を負っているのですよ」とわが身に引きつけて語られ、わたくしどもを導かれたのでございます。

まことに阿弥陀さまのご恩というものを配慮せずに、自分勝手に、これは善い、これは悪いと、論争する者があとをたちませぬ。

親鸞さまは次のように言われました。

「何が善《ぜん》で、何が悪《あく》かというのは、わたしには判断がつきません（善悪の二つ総じて存知せざるなり)。なぜかと言えば、阿弥陀さまが善いと思われたことに、わたしの思いがどこまで及ぶのか、阿弥陀さまが悪いと思われたことに、わたしの思いがどこまで及ぶのか、ということを考えてみると、煩悩《ぼんのう》をかかえ、火宅《かたく》のごとき世をさまよっている凡夫のわたしには、阿弥陀さまの心の内など、計り知ることはできないのですから、何が善で何が悪であるかなど、わかるはずもありません。世間で言われていることは、すべて虚言《そらごと》、戯言《たわごと》であるのかもしれず、何もわからないわたしにとっては、ただ念仏だけが、真実《まこと》なのです」

この親鸞さまのお言葉にもあるように、誰もが虚言ばかりを口にする世の中にあって、これだけは許しがたいという、何とも痛《いた》ましいことがございます。それは念仏を唱えるということについて、どういう考えで念仏を唱えているのかと、お互いに議論をしたり、人にも言い聞かせたりしているおりに、相手を黙らせ、論争に勝ちたいという一心で、親鸞聖人のお言葉でないことを、あたかも聖人のお言葉であるかのように言いふらす者がおるということでございます。これはまったくもって浅ましく、歎《なげ》かわしいことでございます。どうかそういう言説《げんせつ》に惑わされることがないように、親鸞聖人の真《まこと》の教えをよく学んでいただきたいと存じます。

ここまで述べてまいりましたことは、わたくし一人の勝手な解釈ではないと自負いたしてはおりますが、わたくし自身、浅学の身であり、難しい経典や論書に通じておるわけでもございません。難解な理論のどれが正しいかを見分ける知識ももってはおりませんので、到らぬことが多々あったかとも存じますが、亡くなられた親鸞さまのお言葉のご趣旨について、そのほんの一部の、百分の一ほどでも、お伝えいたしたいと思って、書き綴《つづ》ってまいりました。

迷いの多きわたくしのことでございますから、念仏しているにもかかわらず、報土《ほうど》と呼ばれるまことの浄土には往生できぬかもしれませぬ。それでも幸《さいわ》いにして、辺土《へんど》と呼ばれる極楽浄土の周辺にでもたどりつくことができましたならばと念じております。

同じ宗門にあって、ともに念仏しておられる修行者の皆さまの中に、異なる信心や、異なる言説があっては、親鸞さまの教えにそむくことになってしまいます。そのために、また新たな論争が起こるのではと懸念《けねん》しながら、あまたの異説が横行することを歎《なげ》き、泣く泣く筆《ふで》を墨《すみ》に染めて、ここまでのことを書き記《しる》してまいりました。

名づけて、歎異抄《たんにしょう》。

どうか密かにお読みくださいませ。

【三大諍論と歎異抄】

このかなり長い「後記」（真名序と別序に対応して後序と呼ばれる）では、まず親鸞自身が加わった諍論《じょうろん》が紹介される。

諍論とは、けんか腰の論争、というくらいの意味だ。

僧侶や宗教家というのは、穏やかな求道者《ぐどうしゃ》というイメージがあるが、生まれたばかりの新興教団の場合は、まだ教義が信徒のすみずみにまで広がっていないので、弟子たちの間で激しい論争が展開されることがある。とくに親鸞が入門したばかりの法然の門下には、若い修行者も多く、諍論が盛んだった。

法然門下の親鸞は、のちに三大諍論と呼ばれる論争に巻き込まれることになった。

その第一は、体失往生《たいしつおうじょう》と不体失往生《ふたいしつおうじょう》の対立だ。

法然の弟子たちは、人は死んでから極楽に往生するのだから、この世での体は失ってしまう。つまり死後の往生ということを考えていた。これを体失往生という。

しかし親鸞は、阿弥陀さまの本願を信じ、念仏によって必ず往生できると思えば、人はこの世にありながら、すでに極楽浄土に往生したような気分になって、安堵《あんど》できる。だからこの世の体をもちながら往生できるので、不体失往生だと主張した。

これは大論争になったのだが、師の法然は親鸞を支持した。

第二の諍論は、歎異抄の後記で唯円が引用しているもので、信心同異の諍論だ。ここにあるように、親鸞の信心も、師の法然の信心も、阿弥陀さまからたまわったものであるから、同じ一つの信心だということができる。

第三の諍論は、心行両座の諍論という。行不退《ぎょうふたい》と信不退《しんふたい》の対立といってもいい。

ここでいう「行」とは、法然門下における修行のことで、具体的には声を出して念仏を唱えることと（称名念仏）を意味する。「信」とは信心のことだ。「不退」というのは、阿弥陀さまによって救われ極楽に往生できることを意味する。結局のところ、親鸞は弟子たちに向かって、念仏と信心と、どちらが大事かと問いかけたのだ。

法然は称名念仏を推進していたから、弟子たちの多くは、念仏が大事だと考えていた。しかし親鸞は、信心が大事だと主張した。これも親鸞が正しいとされることになる。

信心さえあれば、ことさらに声を出して念仏を唱えることはないのだ。とくに徹夜で念仏を唱え続けるとか、そういうことには意味がない。

法然の弟子には、比叡山の修行者が多かった。親鸞は比叡山を下りて、法然の弟子になった。しかし弟子の中には、比叡山の天台宗の僧籍をもったままで、法然のもとに通ってくる弟子も少なくなかった。比叡山では、徹夜の念仏が修行の一つになっていた。彼らは念仏が大事だということはわかっていたのだが、声を出して念仏を唱えるということにこだわっていた。

そういうこだわりをもっていたのでは、自力《じりき》の聖道門《しょうどうもん》から抜け出せない。ただひたすら阿弥陀さまに身を任せるという、他力の信心が何より大事であるということを、親鸞は主張したのだ。

ここで見るように、法然門下に入門したばかりの親鸞は、まだ三十歳前後の若者だったこともあって、理屈っぽい論争好きの修行者だったようだ。

しかし、越後への流罪という体験が、親鸞を一回り大きな人物に変えたのだろう。東国で教えを説くようになってからの親鸞は、穏やかな人柄となり、弟子たちにも、諍論を避けるようにと指導するようになった。

歎異抄の本文にも、論争を避けるという姿勢が色濃く出てはいるのだが、親鸞が去ったあとの、異説が飛び交う東国で教えを説いている唯円にとっては、師の教えと、異説に対抗して批判をしなければならないという、ジレンマに陥って、いろいろと苦労があったのではないかと思われる。

二十四輩と呼ばれる親鸞の弟子たちは、それぞれに宗派を築き、弟子たちを指導した。そうした弟子たちの活動を横目に見ながら、唯円はこの歎異抄を書き綴った。

歎異抄には、確かに、親鸞の教えの心髄が書かれている。

しかしそれはあまりにもシンプルな教えだ。

ただ信じるだけでよい。声を出して念仏を唱える必要もない。

ここまで教えをつきつめていくと、もはや教団などといったものは必要なくなるのかもしれない。

親鸞に義絶された長男の善鸞《ぜんらん》の教えというのも、親鸞の弟子たちからは「怪しげな秘儀」であると批判されたのだが、言葉にならぬ教えというものを、そうした謎めいたパフォーマンスで伝えようとする試みであったのかもしれない。

親鸞としても、わが子の善鸞を義絶することは、心苦しい決断であったと思われる。

ともあれ、親鸞の教えは、弟子たちによって東国に広められた。

やがて中興の祖の蓮如《れんにょ》によって、教団は大きな組織となり、加賀一国を支配するほどの強い勢力となった。

ここからはわたしの考察なのだが、それだけの強固な教団を組織するためには、論理が必要であったろう。統一のためには、激しい論争もあったのではないかと考えられる。

いま歎異抄の写本として、最も信頼されているのは、蓮如直筆のものだ。わたしの口語訳も、底本として、蓮如の写本を用いている。

筆写したくらいだから、蓮如は歎異抄を熟読し、深く理解していたはずだ。

蓮如は教団を率いて戦国時代を生き抜かなければならなかった。その生涯は、あるいは歎異抄の教えとは、矛盾《むじゅん》するものであったのかもしれない。その意味では、蓮如がこの書を、読んではならない秘書、禁書としたことは、当然であったというべきだろう。

蓮如の生き方と、唯円の結論とは、ある意味で、対極にある。

唯円は数多くの言葉を綴《つづ》り、時に理屈っぽく論理を展開しながらも、結局のところ、阿弥陀さまの教えも、親鸞の教えも、理屈を超えたものであって、ただ信じるということ以外に信心の道すじはなく、理屈を重ねて論争するなどといったことは、一切無意味であるという境地に到達した。

唯円は親鸞のかたわらにいて、数多くの言葉を聞いたはずであったが、この歎異抄をまとめるにあたり、その冒頭に、次のような親鸞の言葉を置いた。

「弥陀の誓願不思議に助けられまひらせて……」

阿弥陀さまの本願というものは、「不思議」としか言いようがない。不思議とは、思うことも議論することもできないということだ。

この「不思議」という言葉から始まった歎異抄では、数多くの親鸞の言葉が書き留められている。後半には、唯円の思索《しさく》のあとも見てとることができる。そこにはかなり理屈っぽい論理も見られるのだが、歎異抄の最後のしめくくりとして書かれた後記のその最後のところに、唯円は次のような親鸞の言葉を掲げた。

「善悪の二つ総じて以《もっ》て存知《ぞんじ》せざるなり」

善悪の判断は自分にはできない……。

自力《じりき》の判断というものを徹底的に排除して、ひたすら他力《たりき》に任せるという親鸞の決意が、この言葉に集約されている。

さらに唯円は、この歎異抄の中に伝えられた親鸞の最後の言葉として、このように記している。

「煩悩具足《ぼんのうぐそく》の凡夫《ぼんぶ》、火宅無常《かたくむじょう》の世界は、万《よろず》の事、皆以《もっ》て、虚言《そらごと》、戯言《たわごと》、実《まこと》あることなきに、ただ、念仏のみぞ、実《まこと》にておはします」

こうした親鸞の言葉は、結局のところ、「不思議」という言葉に集約される。

理屈は不要だ。ただ念仏があればよい。

そうであるならば、親鸞の言葉を後世に書き残す必要もなかったのかもしれない。唯円はここで、大いなる矛盾《むじゅん》に陥《おちい》ることになるのだが、唯円はそういうジレンマの中で、この書を綴《つづ》ってきたのだ。

唯円はこの歎異抄という書物を書かずにはいられなかった。言葉を尽くせばそれだけ迷妄《めいもう》の中に入り込み、親鸞の教えから離れてしまうのではないかという危惧を覚えながら、東国に広がっていく数多くの異説を耳にすると、唯円は理屈を重ねてこの書を書き上げるしかなかった。

その苦しい胸の内が、最後に書き記されている。

「……泣く泣く筆を染めて、これを記す。名づけて歎異抄と言ふべし。外見あるべからず」

浄土真宗の中興の祖、蓮如《れんによ》が、この歎異抄の全文を自ら筆写しながら、この書を禁書としたことはすでに述べた。だが、この結びの文を見ると、唯円自身が、「外見有るべからず」（どうか密かにお読みくださいい）と認《したた》めていることがわかる。

わたしの超口語訳も、これで終わることになる。

わたしも皆さんに、唯円と同じことをお伝えしたいと思う。

どうか密かにお読みください、と。

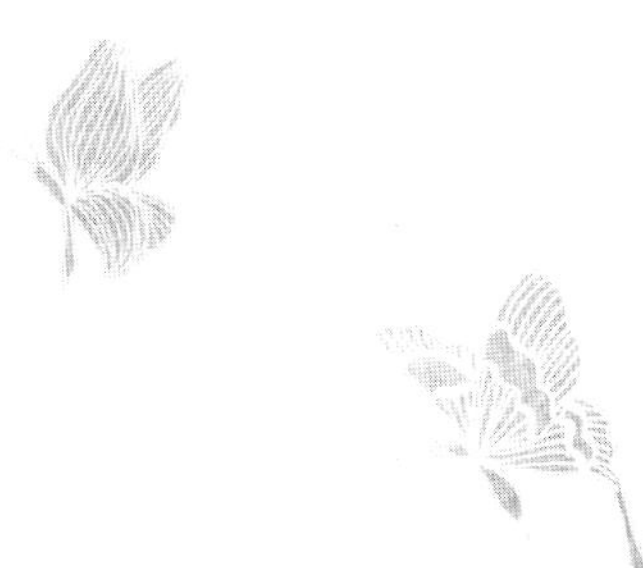

仏教の歴史

釈迦から親鸞へ

お釈迦さまの名前

歎異抄の超口語訳はこれで終わったのだが、唯円が書き留めた親鸞の言葉が、読者の心に届いたのかどうか、いささか懸念《けねん》するところがある。

本文の合間に、ある程度の説明は加えたのだが、あまり説明が多いのも、超口語訳の流れをそぐことになるので、必要最小限にとどめた。

そのため、仏教についてなじみのうすい読者の中には、そもそも仏教とは何かということがよくわからない、という印象をおもちになった方もおられるのではないだろうか。

そこで付録として、仏教の歴史についての簡単な解説をつけておくことにする。

まずはお釈迦さまの話から始めよう。

仏教はいまから二千五百年ほど前に、インドで起こったとされている。何年から始まったといった明確な年代はわかっていない。だから紀元前五百年前後といった言い方しかできない。

開祖は「お釈迦さま」ということになっている。

この「お釈迦さま」というのは、実はお釈迦さまの名前ではない。

これはこのお方が「シャーキャー族」の出身であることから、「釈迦族出身の尊いお方」ということで、「釈迦牟尼《しゃかむに》」あるいは「釈迦尊者《そんじゃ》」（略して釈尊《しゃくそん》）とお呼びすることが通例となったもので、現在でもごくふつうに「お釈迦さま」と呼ばれている。

お釈迦さまの本当の名前は、ガウタマ・シッダルタ、または、ゴータマ・シッダッタとされている。名前が二種あるのは、前者は古代インドの文語の梵語《ぼんご》（サンスクリット語）の発音をもとにした表記であり、後者は古代インドの口語の一つのパーリ語の表記だ。

文語と口語だから似たようなものだ。初期仏教の経典は長く口承で伝えられたため、口語で語り継がれていた。それを文字に書き留めたのがインド東部のパーリ語が話される地域であったので、初期仏教経典はパーリ語で記されている。

初期仏教では、釈迦がその地方の王侯貴族や長老と語り合い、質問を受ける場面で、相手から「ゴータマよ」と呼ばれることがあり、この名称は広く知られている。

これに対し、釈迦の時代から五百年ほど経ってからインドで起こった宗教改革で、大乗仏教という新たな宗教が起こり、大量の仏教経典が書かれた。経典として文字で書かれたものなので、ここでは書き言葉である文語が用いられた。梵語はインド古代宗教のバラモン教（のちのヒンドゥー教）の聖典ヴェーダや、哲学書のウパニシャドにも用いられている古い言語だ。

大乗仏典では、釈迦は単に「仏《ほとけ》」または「世尊《せそん》」と呼ばれることが多く、名前で呼ばれることはめったにないのだが、仏伝などでシッダルタという名称は伝えられた。

そこで、初期仏教ではゴータマ、大乗仏教ではシッダルタと呼ばれる。以上が名前の説明だが、これ以後はただ「釈迦」あるいは「お釈迦さま」と呼ぶことにする。

六道輪廻

釈迦が活動していた時期のインドを支配していたのは、バラモン教の世界観だった。

バラモン教の特徴は、多神教であるということ。神さまがたくさんいる。そのうちのいくつかは、仏教にも採り入れられているので、皆さんにとってもおなじみのキャラクターだ。帝釈天《たいしゃくてん》、弁財天（弁天）、毘沙門天《びしゃもんてん》、吉祥天、大黒天、韋駄天《いだてん》など、「天」と呼ばれているのが神さまだ。

バラモン教のもう一つの特徴は、輪廻転生《りんねてんしょう》という世界観をもっていることだ。これも仏教に取り入れられているので説明の必要はないだろう。

あらゆる生物は、死ぬと、別の生物に生まれ変わる。その輪廻転生は、大乗仏教では六つのゾーンを行き来するとされているので、六道輪廻《ろくどうりんね》と呼ばれる。六つのゾーンとは、神々の世界の天界から始まって、人間、阿修羅《あしゅら》、畜生《ちくしょう》、餓鬼《がき》、地獄ということになる。

地獄というのは、六道の底辺にある恐ろしいところで、平安時代には絵巻物などで描かれ、その恐ろしいイメージが広まっていた。地獄は、梵語では「ナラカ」という。音写の「奈落《ならく》」という語もあり、「奈落の底」という表現もある。

この六道輪廻は、生きている間の行為によって、浮き沈みするとされている。

人間の場合、生きている間に、善いことばかり続けていると、もしかしたら神さまに生まれ変わるかもしれない。しかし行《おこな》いが悪いと、畜生や餓鬼になるかもしれないし、最悪の場合は地獄に落ちることになる。

六道輪廻というのは大乗仏教の世界観だが、古代バラモン教でも五趣という五つのゾーンが想定され、生きている間の行為（業／カルマ）によって上下するとされていた。

武将や兵士は、人を殺す。狩猟や漁業にたずさわる人は、生き物を殺す。農業をやる人も、害虫を殺すことがあるし、土を耕せば知らずに土中の虫を殺してしまう。このように生き物を殺すことを殺生《せっしょう》という。

殺生をすれば地獄に落ちる。これは恐ろしいことだ。

バラモン教は、民衆に恐怖を植えつけることによって、治安を維持するという機能をもった宗教だと見ることができる。

古代インドには、のちにカーストと呼ばれることになる身分差別の制度があった。最上位はバラモンと呼ばれる宗教の祭祀《さいし》を担当する人々で、次はクシャトリアと呼ばれる王侯《おうこう》貴族や武士階級、次にヴァイシャという商人や農民などの一般人、最下級にシュードラという奴隷の人々がいる。

インドでは西方から流入したアーリア人（イラン人などと同じ先祖）が、土着民を支配していた。反乱を起こせば地獄に落ちるという世界観は、異民族を支配するために、好都合だったと考えられる。

しかしバラモンを最上位に置くカースト制は、二番目のクシャトリアに位置する王侯貴族や、三番目のヴァイシャの一員とされる大商人には不評だった。

釈迦は、地獄に落ちる可能性のある輪廻からの脱却《だっきゃく》と、カースト制の否定という、新たな宗教を起こし、王侯貴族や大商人の支援を受けて、教団を拡大することに成功した。

仏教とは何か

仏教の中心となる概念は、言うまでもなく「仏陀《ぶっだ》」だ。この語は梵語《ぼんご》のブッダを音写したもので、意味は「真理に目覚めた人」といったものだ。真理に目覚めることによって自我が消滅し、自我に根ざしたあらゆる欲望（煩悩《ぼんのう》と呼ばれる）が滅却され、宇宙そのものと一体となる。その結果、もはや輪廻することのない存在……それが仏陀だとされる。

その真理に目覚めた境地を、「菩提《ぼだい》」あるいは「涅槃《ねはん》」という。日本語では「覚《さと》りの境地」などとも表現される。また菩提を求めて修行をしている人を「菩提薩埵《ぼだいさった》」、これを省略して「菩薩《ぼさつ》」と呼ぶ。修行の末に仏陀になり輪廻のサイクルから脱却することを「解脱《げだつ》」と呼び、これは仏に成ること、すなわち「成仏《じょうぶつ》」とほぼ同じ意味だ。

またインドの世界観では、時間は無限なので、無限の過去には、この地上にも釈迦と同じような仏陀の出現はあったはずだと考えられ、過去七仏というものが想定されるのだが、釈迦はその過去の仏と同じ如《ごと》くこの世に去来したということで、「如来《にょらい》」と呼ばれることもある。

このように、仏陀や覚りについては、いろいろな呼び方があるのだが、それがいったいどのような状態なのかは、簡単には説明できない。

仏教というものが難解で奥が深いという感じがするのも、この一点にかかわっている。仏陀とは何か。これを簡単に語ることができれば、仏教の魅力が半減することになるかもしれない。仏陀とは何かが、わからないからこそ、仏教は奥が深いということになるのだ。だから、「不思議」としか言いようがない。

しかしそれでは解説にならないので、少し踏み込んで、わたしの見解を記しておく。

まず確認しておきたいのは、仏陀は神さまではないということだ。キリスト教のような一神教と違って、インドの神々はたくさんいるので、絶対的な存在ではない。そこのところが同じような多神教の日本人にも親しみやすかったのだろう。いまでは毘沙門天や弁財天など、インドの神さまも日本人の信仰を集めている。

神（天）は人よりは長生きするのだが、寿命をもっていて、輪廻転生する。輪廻のサイクルから解脱《げだつ》した仏陀は、神々を超えた存在だということになる。

もう一つ大事なことがある。神は生まれつき神だが、仏陀は人としてこの世に生まれてきた。菩薩として長く修行を続けた末に、「仏陀に成る」ということを実現させたのだ。

伝説によれば、釈迦は小国の王子として生まれた。二十九歳の時に王宮を出て修行者としての旅に出た。

ヒマラヤを源流とする大河ガンジスは、平原に出たあとは西から東に向かってゆったりと流れる。釈迦の故郷は西の大国コーサラの近くだったが、釈迦は長旅をして東の大国マガダを目指した。そして、マガダ国王ビンビサーラの支援を受けるなどしながら、六年間の修行を経て、ガヤという地の菩提樹のもとで仏陀に成った。

人が仏に成る。それは多くの人々に希望を与える出来事だ。弟子たちは自分も仏に成れるのではという希望をもって、修行に励むことになる。だが、釈迦がどのようにして仏陀に成ったかは、よくわかっていない。それどころか、この世に仏が現れるというのは、めったに起こらない奇蹟《きせき》だとされている。

仏陀が入滅してから千五百年から二千年ほど経《た》つと、釈迦の教えが人々に伝えられなくなり、世の中に大混乱が起こるとされる。それを「末法《まっぽう》」と呼ぶ。法然もいまは末法であるという自覚のもとに、浄土の教えを説き始めた。

つまり、釈迦の他には誰も、仏に成ることはできないのだ。結局のところ、どうやったら仏に成れるのかということについて、釈迦は弟子たちに充分に教えを説くことはできなかった。だが、教えを説く努力はした。それが初期仏教の経典だ。また釈迦の意図をくんで、五百年ほど経った時期に、大量に書かれた大乗仏典がある。

それらの経典で、釈迦は何を伝えようとしているのか。

法然や親鸞が、これしかないと評価したのが、浄土三部経だ。阿弥陀仏の本願にすがって、ひたすら念仏を唱える。すると必ず西方極楽浄土に往生できる。その浄土の人々は、いかなる煩悩《ぼんのう》もなく、生きながら覚《さと》りの境地に到達している。そのようにして、人はただ念仏を唱えるだけで成仏できるとしたのが、浄土三部経だ。

とはいえ、法然も親鸞も、比叡山で長く修行をした末に、これしかないという決断に到達した。ここでは、浄土三部経以外の釈迦の思想についても紹介しておきたい。

「空」とは何か

初期仏教の十二因縁《いんねん》などの教えに始まって、大乗仏教の般若経典や、鎌倉仏教の新しい禅の教えまで、釈迦の思想の基本的なコンセプトを一言で表現すれば、「空《くう》」ということになる。

「空」は「無」ではない。

存在と非存在のあいまにある言葉にならない状態を「空」という言葉で示しているのだが、その「空」そのものを、それがどのようなものであるのかを、別の言葉で説明することはできないのだ。その言葉で示すことができない領域を、「解説」しようとしているわたしも、つらい立場にあるのだが、とにかく話を続けることにしよう。

釈迦は宗教家であると同時に、哲学者であり、存在論者でもあった。これはわたしの解釈であって、お寺で僧侶の方が話される法話とはかけ離れていることを前提として聞いていただきたい。

存在論というのは、存在しているさまざまなものは、どのようにして存在しているのかを解明する思想であり、さらにいえば、存在するものを存在すると、なぜ認識できるのかという、認識論の領域とつながっている。

釈迦の思想をシンプルに言い切ってしまえば、観念論ということになる。観念論というのは、わたしたちの外界に存在している事物は、動かしがたい客観的な存在ではなく、わたしたちの認識によって、「存在しているかのように感じられる」という、一種のヴァーチャル・リアリティー（仮想現実）なのだという認識論だ。

仮想現実だということだから、わたしたちが見ているものはすべて、現実の存在ではない。では何なのかというと、わたしたちの外部に存在しているように見えているものは、すべて「空」なのであり、その外部を見ようとしているわたし自身も「空」だということだ。

よく知られた『般若心経《はんにゃしんぎょう》』の、「色即是空《しきそくぜくう》、空即是色《くうそくぜしき》」というくだりを思い出していただきたい。「色《しき》」というのは「現実の存在」というくらいの意味で、つまりこのくだりは、「現実の存在というのは空《くう》そのものであり、その空《くう》そのものを何かが存在しているように感じてしまう」ということなのだ。

それでは、「空《くう》」とはいったい何なのか。

一つのたとえ話だと思って聞いていただきたい。

あなたの目の前にテレビの画面があるとしよう。そこに何かの映像が映っている。わたしたちはテレビの画面を、映像を映し出すただのボードだとわかってはいるのだが、そこに湯気のあがっているラーメンなどがあれば、食欲を刺激される。映画のエロチックなシーンが映し出されていれば、性的な欲望を刺激される。

もしわたしたちが、生まれた瞬間から、ずっとテレビの画面を見続けていて、それ以外のものを見たことがないのだとしたら、テレビの画面に映っている世界だけが、現実の存在だと思い込んでしまうだろう。

もちろん釈迦の時代には、テレビなどというものはなかった。しかし、影絵芝居というものがあった。これは現在でもアジアの各地で、お祭の時などに上演されるもので、紗幕《しゃまく》のスクリーンに、英雄や美女や悪魔などの人形の影を映し出す。ロウソクの炎などの点光源から発される光の前に人形を置くので、人形を前後させるだけで、拡大縮小が自在だ。悪魔が急に巨大化したり、英雄が大活躍して悪魔をやっつけたりといった物語が展開される。

子どもたちだけでなく、大人もいつしか、手に汗を握って、英雄の活躍を応援して見ているのだが、芝居が終わり、点光源のロウソクが吹き消されると、自分たちが熱心に見つめていた世界が、ただの幻影だったことに気づく。

現在の映画館もそうだし、ヴァーチャル・リアリティーのゲームでも同じことが言えるのだが、釈迦の世界観は、わたしたちが見ているものはすべて、ただの幻影にすぎないというものだ。

そして、その幻影を見ている「私」というものも、幻影が消滅すれば同時に消えてしまう。つまり、「私」という存在もまた、ただの幻影にすぎないということだ。

あなたが見ているテレビの映像も、テレビのスイッチを切れば、消えてしまう。しかしそれを見ているあなた自身が、テレビの中の登場人物なのだとしたら、スイッチが切れた瞬間に、あなた自身の存在も消滅してしまうのだ。

スイッチが切れた状態。「私」という存在が消滅した状態。

それを仏教では、梵語《ぼんご》でニルヴァーナと呼ぶ。これを音写したのが「涅槃《ねはん》」という漢語だ。

この言葉の語源は、「吹き消す」というもので、まさに影絵芝居の光源となっていたロウソクの炎を吹き消した状態のことだ。

釈迦涅槃図《しゃかねはんず》というものがある。いわゆる「寝釈迦《ねしゃか》」と呼ばれる、臨終《りんじゅう》を迎えて横たわっている八十歳の釈迦の姿だが、生身《なまみ》の人間としての釈迦の死のことを、涅槃と呼ぶ。だが、釈迦は修行の末に、菩提樹のもとで仏陀になったとされる。釈迦が菩提に到達したので、その樹木を菩提樹と呼ぶようになったのだが、その菩提すなわち「覚りの境地」のことも、涅槃と呼ばれる。

命の炎が吹き消され、完全に消滅し、永遠の死を迎える。それが涅槃だ。

永遠の死とは、輪廻転生のサイクルから離脱して、宇宙そのものと一体となることを意味している。

ここまでお話ししてくれば、「空」とは何かという問題の答えも、おのずと明らかになるだろう。

「空」とは電源の入っていないテレビの画面であり、何も映っていない映画館や影絵芝居のスクリーンということになる。

あるいは、こんな言い方もできる。いまでは多くの人がパソコンをお使いだろう。パソコンの画面で写真を見ていて、その写真を拡大して見ることがある。どんどん拡大していくと、やがては解像度の限界に到達して、画面にはモザイク状の色のついたブロックが並んだ状態になる。そうなると、もとの写真に映っていたものの姿は、消えてしまう。

そのモザイク状の画面。「無」ではなく、何かが映ってはいるのだが、そのものの形も、意味も、見てとることができない。

それが「空」だ。

逆に言えば、本来は「空」であるものを見て、そこに意味のある何かを見てしまうこと。それこそがわたしたちの迷いなのであり、煩悩《ぼんのう》なのだ。

それでも多くの人は、目を開けば、何かを見てしまう。おいしい食べ物や、愛する人の姿を見て、欲望を刺激される。見たくないと思っても見えてしまう現実。それをどのように滅却《めっきゃく》すればいいのか。

その一つの試みが、仏教教団というものだろう。

仏教教団

仏教では、三宝《さんぽう》というものを尊重する。

三宝とは、仏《ぶつ》・法《ほう》・僧《そう》の三種だ。

仏陀《ぶっだ》（ブッダ／輪廻転生のサイクルから解脱した存在）

達磨《だるま》（ダルマ／宇宙の原理……意訳すれば「法」）

僧伽《そうぎゃ》（サンガ／仏教教団）

ここに出てくる「仏陀」は、すでに述べたように、宇宙の原理を見極めて、宇宙と一体となった存在のことで、具体的には教祖の釈迦を指す。

梵語を音写した「仏陀」を通常は用いるのだが、固有名詞では、「阿弥陀仏《あみだぶつ》」のように、「仏《ぶつ》」が単独で用いられることが多く、また固有名詞を伴わない「仏」を、日本では「ほとけ」と訓読する。

なぜこのように訓読するのかは、実はよくわかっていない。ブッダの音写として、「仏陀」のほかに「浮屠《ふと》」という漢語があり、これに「もののけ」などの「け」という語尾がついたという説があるが、確証はない。

宇宙の原理を意味するダルマは、意訳して「法」と呼ばれる。ただし固有名詞として、ダルマという名の人がいる。とくに有名なのは、中国で禅宗を広めた達磨大師《だるまだいし》という高僧だ。この人は長く座禅を組んで修行をしたので、手足が使えなくなったという伝説をもっている。日本の縁起物《えんぎもの》のダルマはその伝説をもとにして作られたものだ。

僧伽は仏教教団を意味する。単独の修行者は、比丘《びく》と呼ばれた。僧伽はもともとは教団の意味だったのだが、日本では一人だけの修行者も、僧《そう》あるいは僧侶《そうりょ》と呼ばれる。

教団にはパトロン（支援者）が必要だ。教団に布施《ふせ》（音写は檀那《だんな》）と呼ばれる寄進をすることから、檀那、檀越《だんおつ》、檀家《だんか》などと呼ばれる。

初期仏教教団は王侯貴族や大商人の支援を受けていた。

バラモンの下位に置かれた王侯貴族や大商人が、伝統的なバラモン教に対して不満をもっていたということはすでに述べた。

ブッダという思想を広め、自らがブッダであると宣言した釈迦の教団は、ガンジス河流域の東の大国、マガダ国（王都は王舎城《おうしゃじょう》）のビンビサーラ王の支援を受けて発展した。王舎城の郊外にある竹林精舎《ちくりんしょうじゃ》が仏教の第一の拠点となった。また近くにある霊鷲山《りょうじゅせん》が、のちに多くの大乗仏典の舞台とされるようになった。

やがて西の大国、コーサラ国（王都は舎衛城《しゃえいじょう》）も仏教を支援することになり、東西の大国が仏教に帰依《きえ》することで、ガンジス河流域に平和が訪れた。舎衛城《しゃえいじょう》郊外の祇園精舎《ぎおんしょうじゃ》が、仏教の第二の拠点となった。浄土三部経のうち、阿弥陀経だけは、祇園精舎で説かれたという設定になっている。

なお、仏教教団の最大の支援者だったビンビサーラ王には、悲しいエピソードが伝えられている。王子アジャータシャトル（阿闍世太子《あじゃせたいし》）に裏切られて牢獄に幽閉され餓死したというのだ。

ビンビサーラ王の妻で、アジャータシャトルの実母である王妃ヴァイデーヒー（韋提希夫人《いだいけぶにん》）にとっては、わが子がわが夫を殺すという悲劇となった。失意のどん底にあった韋提希夫人に釈迦が話して聞かせたのが、阿弥陀さまの物語だということが、観経（観無量寿経）に記されている。この経典だけが、釈迦が阿弥陀さまの話をした経緯を語っているのだ。

もう一つ、仏教教団の第三の拠点ともいうべき場所がある。ガンジス河の支流に位置するヴァイシャーリー市の郊外の、アームラパーリー園だ。ヴァイシャーリー市というのは、街の名からもわかるとおり、カースト制の第三階級のヴァイシャの街ということで、ガンジス河の水運を活かした商人たちの独立した都市国家となっていた地だ。

園の名称になっているアームラパーリーは、高級娼婦の名で、その美貌《びぼう》と才覚で一代で財を築いて造ったマンゴー園を、仏教教団に寄進したのだ。高級娼婦が財を築くということからして、商人の街ヴァイシャーリーの盛況ぶりがうかがえる。

八十歳で入滅する直前、釈迦はこの街を訪れている。王侯貴族だけでなく、商人もまた、伝統的なカースト制に対して不満をもっていた。商人たちも仏教教団の有力な支援者になっていた。

釈迦が入滅してから数百年後、仏教には新たなトレンドが起こる。

すなわち大乗仏教だ。

この大乗仏教の発祥《はっしょう》の地が、ヴァイシャーリー市だったと伝えられている。

大乗仏教

日本に伝わっているのは大乗仏教だ。

テレビのニュースや紀行番組などで、伝統的な初期仏教を信仰している国々のようすを見ることがある。

ガンジス河の全域に広まった仏教は、やがてインドの本土では衰退していく。しかし、インド亜大陸から離れたスリランカ（セイロン島）や、ミャンマー（ビルマ）、タイ、カンボジア、ラオスなどには、伝統的な仏教が伝わって、現在でも多くの人々が信仰している（ベトナムの仏教は中国から伝わった大乗仏教）。

この伝統的な仏教は、上座部仏教と呼ばれる。上座部仏教と大乗仏教の違いとは何だったのか。

釈迦は思想家であると同時に、教団を起こし、発展させた、宗教家でもあった。教団を維持するためには、秩序と組織力が必要だ。そのため、厳しい戒律が設定された。

釈迦の教えを記した経典、教団の秩序を維持する戒律、それに経典の解釈を試みた論書。この経・律・論を「三蔵《さんぞう》」と呼ぶ。これは大乗仏教でも尊重されているものだが、教団が起こってから五百年ほども経つと、教団そのものが保守的になり硬直化することになる。

その硬直化は、上座部仏教という名称にも表れている。上座部というのは、教団組織の上層に位置する、高僧たちの集団を意味する。

その下に置かれた下級の僧は、大衆《だいしゅ》と呼ばれた。すでに教団内部にも、上座部と大衆との対立が生じていた。

さらに仏陀とは何か、仏陀となるためにどのような修行が必要かといった点に関して、さまざまな異説が生じ、教団が分裂していくことになる。これを部派《ぶは》仏教という。いずれにしても初期仏教はインドにおいては行き詰まりの状態になっていた。

そういう時に、ヴァイシャーリー市の商人たちが立ち上がった。

商人たちは教団に属さない、在家信者《ざいけしんじゃ》といった立場だ。教団の対立や混乱という状況に対して、在家信者（居士《こじ》と呼ばれる）は部外者の立場に置かれていた。その中から、自分たちが先頭に立って宗教改革をしなければならないと考える人々が現れた。

在家信者たちは、覚《さと》りの境地を求めて修行している点では、教団の高僧も、自分たちも変わりはないと考え、自らを菩薩団《ぼさつだん》と呼んだ。この団《だん》（ガナ）という語には、商人の組合といった意味がある。もともと菩薩という語は、「菩提《ぼだい》を求める者」というくらいの意味だから、在家信者も含めて、仏教を信仰する者は誰もが「菩薩」だということで、菩薩たちの組合を作ったということなのだ。

大乗仏教はここから発展していく。

大乗（マハーヤーナー）というのは文字どおり、「大きな乗り物」という意味だ。

上座部仏教では、高僧だけが高みに昇っていって、下級の僧や在家信者は救われない。大乗という語には、誰もが救われるという、在家信者たちの理念がこめられている。

維摩《ゆいま》経という大乗仏教の経典がある。経典の舞台はまさにヴァイシャーリー市で、釈迦の十大弟子が托鉢をしていると、維摩居士《ゆいまこじ》という大商人が現れて論争を挑み、十大弟子たちは次々に論破されてしまう。

釈迦の十大弟子というのは、初期仏教の指導者たちの先輩にあたるわけだから、民間の在家信者にすぎない維摩居士が、十大弟子を論破するというくだりは、そのまま初期仏教の閉鎖性や形骸化に対する批判になっていると見てとることができる。

さらに大乗仏教の特徴とし、この経典には人間の弟子よりもレベルの高い、菩薩と呼ばれる弟子たちが、釈迦の側近として控えている。菩薩というのは、仏になる直前まで修行を重ねながら、あえて成仏せずに釈迦の周囲に控えている修行者たちで、人間の弟子にはない叡智をもち、時空を超越する超能力を有している。

十大弟子では対抗できないと考えた釈迦は、菩薩たちを、維摩の邸宅に派遣する。代表となるのが、智恵が優れていると評判の文殊《もんじゅ》菩薩だ。

そしてこの経典の最大の山場となる、「不二《ふに》の法門」をめぐる議論が始まる。不二というのは、覚りの境地というのは「不思議」なものであって言葉で表現できないということを、対立する二つの概念を提出して表現するもので、不垢不浄とか、不増不減といった、どちらでもないというような対立概念によって表現される。

三十人以上の菩薩たちが、さまざまな対立概念を提出したあとで、智恵第一の文殊菩薩がこんなことを言う。

「不二法門は言葉では表現できない。菩薩たちはそれを言葉で表現しようとしたところに誤りがある」

これに対して、維摩居士は、沈黙を守っている。

これを「維摩の沈黙」といって、言葉にならない智恵を求める般若《はんにゃ》経典や、のちの禅宗にもつながる、最も奥深い教えということになっている。

言うまでもないことだが、「言葉では表現できない」ということを言葉で表現してしまった文殊菩薩は、声を発した時点で過誤におちいっているのだ。

言葉に表現できないということを、維摩は沈黙によって表現した。

そのようにして文殊菩薩との論争に勝利した維摩居士は、突如として居並ぶ菩薩や弟子たちを、宇宙旅行に連れていく。ヴァイシャーリー市があるのは、釈迦の仏国土の娑婆《しゃば》世界だが、宇宙（十《じっ》方世界《ぽうせかい》）には無限の仏国土があり、そこにはさまざまな仏がいる。そういう異次元の仏国土を案内したあとで、維摩居士は、実は自分は東方に仏国土をもつ無動仏《むどうぶつ》であると告げるのだ。

ここでは、宇宙には無限の仏がいて、それぞれに仏国土をもっているという、大乗仏教特有の世界観が示されている。また東方に仏国土をもつ無動仏というのは、東方浄瑠璃《じょうるり》国の薬師《やくし》仏、あるいは東方妙喜《みょうき》国の阿閦《あしゅく》仏だと考えられている。

維摩経の山場は、維摩居士と文殊菩薩の問答の場面ではあるのだが、後半の仏国土めぐりのシーンも大きな山場になっている。

初期仏教の場合は、仏といえば、お釈迦さまだけと考えていい。

これに対して、大乗仏教には、さまざまな仏が登場する。十方世界には無限の仏国土があるから、仏も無数に存在する。

さらに、菩薩の存在がある。

初期仏教では、菩薩というのは、修行中のお釈迦さまのことだ。

また南方から訪ねてきた高齢の修行者に、お釈迦さまが、あなたは次の世の仏になるだろうと予言したというエピソードが残されている。弥勒《みろく》（マイトレーヤ）という名の修行者だったので、そこから未来仏としての弥勒信仰が起こった。

弥勒はお釈迦さまより先に亡くなったのだが、兜率《とそつ》という天界に昇り、いまは仏になるための修行をしている。これを弥勒菩薩と呼ぶ。

このように修行中の釈迦と、未来仏としての弥勒菩薩というのが、当初の「菩薩」という概念だったのだが、大乗仏典には、十大弟子のような人間の弟子よりも、ランクの高い高弟として、さまざまな菩薩が登場する。

維摩居士と問答をした文殊菩薩はその代表だが、普賢菩薩も人気があって、釈迦三尊像では、この二菩薩が脇侍《わきじ》となっている。ちなみに阿弥陀さまの場合は、観音菩薩と勢至菩薩が脇侍になっている。

とくに観音菩薩は三十三とおりに変化《へんげ》して、人々の危難を救うとされ、その姿も多様であって、六観音（聖観音《しょうかんのん》、十一面観音、千手《せんじゅ》観音、馬頭《ばとう》観音、如意輪《にょいりん》観音、准胝《じゅんてい》観音または不空羂索《ふくうけんじゃく》観音）がその代表だ。また観音菩薩は仏国土のような浄土をもっていると考えられている。これが南方にある補陀落《ふだらく》浄土だ。

大乗仏教に数多くの仏や菩薩が登場するのは、多神教のバラモン教への対抗意識から生じたものかもしれない。

お釈迦さまの布教活動で、広大なガンジス河の流域に仏教が広まったのだが、やがてバラモン教の巻き返しが始まる。お釈迦さまの時代には、代表的な神さまはインドラ（帝釈天）だったのだが、ヴィシュヌ、シヴァ、クリシュナ、ラーマ、ガネーシャなど、各地の土着の神々を取り込んで、神さまのキャラクターが増大していった。

このように新たに模様替えをしたバラモン教は、ヒンドゥー教と呼ばれる。インドという国名もそこから生じた。

劣勢となった仏教も、キャラクターの多様化を迫られた。観音菩薩などのキャラクターは、民間信仰のキャラクターが仏教に取り込まれたものではないかと考えられている。

法華経の世界観

『法華経《ほけきょう》』については本文中でも触れたのだが、改めてこの経典について解説しておく。

この経典は、入滅直前の釈迦が、弟子の菩薩たちや十大弟子たちに、最後の教えを説くという設定になっている。

ここでは、初期仏教の教えから、大乗仏教の教え、さらに最新のトレンドともいえる密教の陀羅《だら》尼《に》までが網羅《もうら》されて語られる。そのため、仏教の教科書とも、百科事典とも呼ばれる。日蓮宗などでは、法華経に出てくる七つの「たとえ話」のことが、法話などで語られることがある。仏教の大事な教えが、比喩《ひゆ》でわかりやすく説かれている。

維摩経でも、維摩居士が菩薩や十大弟子を引き連れて、宇宙旅行に出るといったスペクタクルな場面が語られるのだが、法華経でもスペクタクルなシーンには事欠かない。地面から黄金色の菩薩たちが湧き出してきたり、スカイツリーのような宝塔が出現したりする。

初期仏教の経典は、ただお釈迦さまが教えを説くという、教団内の説法の延長のようなものがひたすら続くだけだが、大乗仏教の経典は、スペクタクル映画のような派手なシーンが出てきたり、ミュージカルのように歌が出てきたりする。「大乗」と呼ばれるように、より多くの人々に仏教を広めようという意図が、経典の構成からも感じとれる。

法華経の化城喩品《けじょうゆほん》という章には、宇宙の曼荼羅《まんだら》のような世界観が示されている。曼荼羅というのは、密教などで用いられる図像で、さまざまな仏の姿が一枚の絵の中に描かれているものだが、その原型がすでに法華経のこの章に描かれているのだ。そこには西方極楽浄土に住する阿弥陀仏も登場する。

このように、法華経は初期仏教から最新の密教まで、情報を網羅した経典なのだが、その中心となっている世界観は、「法身《ほっしん》の釈迦」と呼ばれる存在によって示される。わたしたちが知っている「お釈迦さま」は、生身の人間の姿をしたお方だが、その人間としてのお釈迦さまの背後に、「法身の釈迦」が存在しているというのだ。

梵語《ぼんご》でダルマと呼ばれる宇宙の原理は、音写して達磨《だるま》と表記されることもあるが、通常は意訳して「法」という漢語があてられている。古代ギリシャ語では宇宙はコスモス、その宇宙を支配する原理をロゴスと呼ぶのだが、仏教におけるダルマは、宇宙の原理を示すとともに、その原理によって現れるさまざまな現象をも含んでいる。

ダルマとは、宇宙そのものだといってよい。

地下から出現した宝塔の上で、釈迦は驚くべき事実を告げる。

自分の背後には、ダルマがある。自分はダルマそのものであり、ダルマの化身《けしん》でもある。

ダルマは宇宙そのものだが、一つのキャラクターとして存在している。すなわち、ダルマには心があるのだ。

その心には、二つの感情がそなわっている。一つは、すべての存在に対する普遍的な愛情……これを慈《じ》（マイトレーヤ）という。もう一つは、苦しみ悩んでいる者に対する悲哀のごとき感情……これを悲《ひ》（カルナ）という。

あわせて慈悲《じひ》。

宇宙（法）は慈悲の心をもっている。すなわち宇宙の内部に存在し苦しみ悩んでいる者たちを救いたいという意志をもっている。そして何とか救いの手を差し伸べたいと思っているのだが、宇宙は広大でありその姿を人は目で見ることができない。

そこで宇宙は、目で見えるように、人の姿をした化身を、わたしたちの前に現してくださった。すなわち「法」の「分身《ふんじん》」としての人の姿をした仏……それが釈迦なのだ。

それは人の姿をしているけれども、その人の姿というのは仮のものであり、その背後には宇宙そのものである「法」がある。その宇宙そのものを、「法身《ほっしん》の釈迦」と呼び、目の前の人の姿をしたお釈迦さまは「生身《しょうじん》の釈迦」ということになる。

法身の釈迦と呼ばれる宇宙そのもののような存在は、無限の過去から無限の未来にわたって存在し続ける。またその大きさも無限であるから、わたしたちも、その仏の体内に包み込まれている。さまざまな仏も、菩薩も、すべてはその存在の分身だということになる。

そのゆえに、その宇宙のような巨大な存在は、久遠本仏《くおんほんぶつ》と呼ばれる。

法身の釈迦、すなわち久遠本仏。

この巨大な存在は、大乗仏教の本義ともいうべき仏だ。『法華経』では「法身の釈迦」と呼ばれているのだが、『華厳経』では「毘盧遮那《びるしゃな》仏」と呼ばれる。太陽の光という意味をもつこの仏は、大日経では「大日如来」と呼ばれる。意訳して「大日」と呼ばれているが、梵語を音写した表現では、「摩訶毘盧遮那《まかびるしゃな》」だ。「大いなる陽光」という意味だ。

浄土三部経に登場するアミターバも、「無量光」という意味をもっている。音写すれば阿弥陀仏だが、意訳して、「不可思議光如来《ふかしぎこうにょらい》」あるいは「尽十方無碍光如来《じんじっぽうむげこうにょらい》」と称されることもある。この名称を用いた「南無不可思議光如来」を九字の名号、「帰命《きみょう》尽十方無碍光如来」を十字の名号と称して、ご本尊の六字の名号の脇侍の位置にかけることがある。

「無限の光」という名称をもつことから、阿弥陀仏もまた、毘盧遮那仏や大日如来と同様の、宇宙そのものであるような存在と考えられる。このような根源的な仏を、浄土真宗などでは「本師本《ほんしほん》仏《ぶつ》」と称している。諸仏諸尊はすべて、阿弥陀仏の弟子であり、化身であるということになる。

仏教は、さまざまな仏や菩薩を礼拝することから、多神教と考えられることが多いのだが、久遠本仏や本師本仏は、太陽そのものの象徴とも考えられるので、その点では一神教に近いということもできる。

聖徳太子

日本に仏教が伝来したのは、西暦五三八年とも五五二年ともいわれているが、いずれにしても聖《しょう》徳太子《とくたいし》の祖父の欽明帝《きんめいてい》の時代で、百済《くだら》の聖明王《せいめいおう》から黄金の仏像が寄贈されたということだ。日本の神道は、御神体といえば鏡や珠《たま》、石、剣などで、人の姿をしたものはない。それだけに黄金色に輝く仏像を見た欽明帝は大いに驚いたと伝えられる。

当時の朝鮮半島では、百済《くだら》、新羅《しらぎ》、高句麗《こうくり》の三国が覇《は》を競っていた。三国の勢力は均衡《きんこう》していたので、日本がどこかと同盟を結べば、その均衡が一挙に崩れる可能性があった。とくに、百済と新羅のあいまにある加羅《から》諸国と呼ばれる小国が、日本に援助を求め、一時は諸国の中の任那《みまな》という小国に日本府が置かれていたこともあった。

そういう経緯の中で、三国は競って日本に使節を送り、その後も仏像や仏画などを調《みつぎ》として送り込んできた。

しかし日本には、古来の神道《しんとう》の祭祀《さいし》を司る物部《もののべ》一族などの勢力が強く、最初の仏像は蘇我《そが》一族が私的に拝することになったのだが、寺が焼き討ちにあって、仏像は廃棄されたとされる。その後も、何度か寺に仏像を安置する試みがなされたのだが、ことごとく廃棄されることになった。

こうした廃棄された仏像が、空を飛んで信濃《しなの》に赴いたのが善光寺の秘仏だという伝説がある。また、浅草の観音さまも、海から隅田川の河岸に流れ着いたといわれている。

またこの時代、すでに多くの渡来人が日本に定住していた。彼らは密《ひそ》かに仏教を信仰していたようだ。

仏教国としての日本の基礎を築いたのは、聖徳太子《しょうとくたいし》だ。

終戦後からバブルの絶頂期まで、日本の最高金額の紙幣《しへい》の肖像画は、つねに聖徳太子だった。伝説上の偉人といっていい存在だ。聖徳太子は蘇我《そが》一族の支援を受けて、神道の祭祀《さいし》を担《にな》っていた物部一族などを滅ぼし、国を挙げて仏教を広めることになった。

仏教によって、国を統一しようとしたのだ。

聖徳太子は推古《すいこ》女帝を擁立して、自らは摂政太子《せっしょうたいし》となり、十七条憲法、冠位《かんい》十二階を定め、遣隋《けんずい》使《し》を派遣し、国史の編纂《へんさん》を命じた。国としてのシステムを整備しようとしたのだ。四天王寺、法隆寺など、多くの寺院を建立《こんりゅう》し、女帝に、勝鬘経《しょうまんぎょう》、維摩経《ゆいまきょう》、法華経《ほけきょう》を講義したと伝えられる。

救世観音《ぐぜかんのん》の化身とまで言われた聖徳太子にまつわる伝説の、どこまでが史実なのかは、判然としないのだが、女帝への講義録とされる三経義疏《ぎしょ》は現存しているし、法隆寺の釈迦三尊像、隣接した夢殿の救世観音像などの仏教美術は今日にまで伝えられている。

聖徳太子の時代には、すでに一切経が伝えられていた。その中には浄土三部経も含まれていたのだが、親鸞が七高僧に名を上げている道綽《どうしゃく》や善導《ぜんどう》の思想が日本に伝えられたのは、推古女帝のあとを継いだ舒明《じょめい》帝の時代だ。

しかし聖徳太子が阿弥陀仏を信仰していたと考えられる証拠がある。

一つは聖徳太子廟《びょう》にある。二上山《ふたかみやま》の西麓にあり、三骨一廟という異例の配置をもつこの墓所は、太子自身が生前に造ったものだ。

聖徳太子の母が疫病にかかったおり、太子と妃《きさき》の菩岐々美郎女《ほききみのいらつめ》は、つきっきりで看病にあたった。母の死後、あいついで妃が亡くなり、太子自身も病に倒れた。

生前から、太子は救世観音の化身と言われていた。太子自身も、観音のように人々を救いたいという自負があったのだろう。三骨が収められた廟では、母の遺骨を中央に、太子と妃が左右に配置された。これは母を阿弥陀さまに見立て、自らを脇侍《わきじ》の観音《かんのん》菩薩、妃を勢至《せいし》菩薩の位置に配置したものと考えられている。

もう一つの証拠は、中宮寺にある「天寿国繍帳《てんじゅこくしゅうちょう》」だ。中宮寺は太子の母の隠居所であったとも言われているのだが、法隆寺の夢殿のすぐ近くにある太子ゆかりの寺院だ。ここに太子の妃の一人で、推古女帝の孫にあたる橘大郎女《たちばなのおおいらつめ》が奉納したタペストリーがある。

刺繍《ししゅう》によって描かれた繍帳の絵柄《えがら》は、まさに極楽浄土のありさまを描いたものだ。おそらくは太子から極楽浄土の話を聞いていた橘大郎女が、絵師に命じて描かせたものだろう。「天寿国」というのは「無量寿国」のことだと考えられている。

親鸞が書いた六字の名号の多くは、「南无阿弥陀仏《なむ》」と書かれている。帰命《きみょう》を意味する梵語《ぼんご》を音写した「ナム」は、ふつうは「南無」と書かれるのだが、「南无」と書くことも少なくないのだ。また九字の名号の「南無不可思議光如来」でも「南无」が使われている。さらに十字の名号の「帰命尽十方無碍光如来」では、「無碍光」が「无碍光」と書かれている例がある。

「无」という文字は、よく使われていたのだ。

そこで「天寿国」についても、これは「無量寿」という阿弥陀さまの意訳したお名前を、「无量寿」と書いたものが短縮されて「无寿」となり、それを見誤って、「天寿」と記されたのではないかとも考えられる。いずれにしても、繡帳の図像を見れば、極楽浄土が描かれていることは確かで、聖徳太子の時代に、すでに阿弥陀信仰はわが国に根づいていたのだ。

最澄と空海

仏教によって国を統一しようとした聖徳太子だが、擁立した推古女帝が長生きをしたので、自らが皇位につくことはなかった。またのちに一族が蘇我入鹿によって虐殺されるという事件が起こったため、悲劇的なイメージがつきまとっている。

しかし聖徳太子が広めた仏教は確実にこの国に根づいた。奈良の大仏はその象徴といっていいだろう。聖武《しょうむ》帝によって造営されたこの仏像は、華厳経《けごんきょう》で説かれた毘盧遮那《びるしゃな》仏で、法華経で説かれた久遠本仏と同様、宇宙そのものを象徴する仏さまだ。

宇宙（十方世界）はあまりに大きいので、人の目には見えない。その名の毘盧遮那は太陽の光を意味する。その点では、阿弥陀さまの「無量光」とか「尽十方無碍光《じんじっぽうむげこう》」というお名前とも、通じるところがある。だとすれば奈良の大仏（毘盧遮那仏）と鎌倉の大仏（阿弥陀仏）は、同じ仏さまのお姿だと見ることもできる。

奈良時代には、のちに南都六宗と呼ばれる宗門があった。初期仏教でも、覚《さと》りとは何か、仏陀とは何かという議論があり、難解な存在哲学が交わされていたのだが、それは大乗仏教でも同じことで、わかりやすい経典が書かれる一方で、その解釈をめぐる存在哲学や、覚りの境地を実現するための方法論をめぐって、果てもなく議論が深められていった。

六宗にはそれぞれに譲れない哲学があった。しかしあまりにも難解になりすぎてしまい、一般の民衆にとっては、近づきがたいものになっていた。

そのあたりから仏教の宗派は、形骸化し、権威主義的になっていく。難解な議論をする高僧と、寺院で雑用をする年若い僧侶との間に、階層ができる。その周囲に、ただ仏像を拝むだけの信徒がいる。

病弱な聖武帝は、東大寺だけでなく、薬師寺、新薬師寺、法華寺《ほっけじ》、唐招提寺《とうしょうだいじ》などに多大の寄進をした。奈良の大寺院は、広大な荘園を所有して、国の政治や経済にも影響を及ぼすようになった。

こうした仏教勢力を抑えるために、桓武《かんむ》帝は遷都《せんと》を断行した。新都の平安京には官立の東寺と西寺を置くだけで、奈良の寺院の移転を許さなかった。そして朝廷の供奉僧《ぐぶそう》に抜擢《ばってき》したのが、比叡山で山岳修行に取り組んでいた最澄《さいちょう》だった。

朝廷の儀式を担当した最澄は、桓武帝に遣唐使《けんとうし》の派遣を要請した。最澄には目的があった。天台《てんだい》智顗《ちぎ》という高僧が、天台山で弟子たちを指導し、法華経の教えを修行によって体感する方法を確立したというのだ。摩訶止観《まかしかん》という論書にもその内容が書かれてはいるのだが、最澄は実際に天台山に赴いて、弟子たちの修行のようすを確認したかった。

天台智顗はすでに亡くなっていたのだが、最澄は弟子たちの修行法を学び、比叡山延暦寺の修行者たちに伝えることになる。

最澄が唐に渡った遣唐使の一行には、もう一人、重要人物が加わっていた。

空海《くうかい》だ。

最澄は東大寺で修行をして得度した正式の僧侶だが、空海は非合法の私度僧《しどそう》で、遣唐留学僧になる資格をもっていなかった。しかし叔父が桓武帝の子息の伊予親王《いよしんのう》の侍講《じこう》（家庭教師）をしていて、便宜《べんぎ》を図ってくれたのではないかと思われる。空海には別の目的があった。王都の長安《ちょうあん》に赴いて、瑜伽《ゆが》密教という新しいトレンドを学ぶことになった。

密教とは、陀羅尼《だらに》と呼ばれる呪文によって病魔を退散させるなど、現世利益《げんぜりやく》を求めつつ、最終的には即身成仏をめざす、神秘的な仏教だ。

すでに密教の第一波は日本にも伝わっていて、聖武帝の母の病気を治した玄昉《げんぼう》や、娘の孝謙《こうけん》女帝を治療した道鏡《どうきょう》など、看病禅師《かんびょうぜんじ》と呼ばれる祈祷師《きとうし》がいた。

空海は長安において高僧の恵果《けいか》から、一弟子相承《いちでしそうじょう》の秘伝を伝授された。瑜伽密教は曼荼羅《まんだら》と呼ばれる図像や、五鈷鈴《ごこれい》、五鈷杵《ごこしょ》など黄金色に輝く法具、印契《いんげい》と呼ばれる指で作る形、声明《しょうみょう》と呼ばれる音楽など、総合的な演出によって神秘的な雰囲気をかもしだす独特の仏教で、日本にはまだ伝わっていないものだった。

天台山での修行を終えた最澄も、遣唐使の帰朝が遅れたために、港の寧波《ねいは》のある長江《ちょうこう》の近くの地域で、瑜伽密教の一端を学び、帰朝した後に空海からも直接の教えを受けて、比叡山の修行や儀式にも、密教を採り入れることになった。

比叡山に本拠を置く最澄の天台宗と、東寺から高野山に本拠を移した空海の真言宗は、日本の仏教の二大潮流となった。

円仁から法然へ

最澄の直弟子《じきでし》に円仁《えんにん》という僧がいた。師の最澄に憧《あこが》れ、自らも遣唐使の一行に加わって天台山を目指したのだが、船が難破して山東《さんとう》半島の近くの海岸に座礁《ざしょう》したため、やむなく北の五台山を目指した。

ここで円仁は法華経と密教を学び、念仏を唱える浄土の教えを学ぶことになる。円仁はさらに王都の長安に赴いて、瑜伽《ゆが》密教を本格的に学び、豪華な曼荼羅《まんだら》も入手している。

のちに親鸞が学んだ比叡山での修行法は、円仁によってほぼ完成したといっていい。

なお円仁は道教と呼ばれる中国独自の信仰についても学んだ。平安京の鬼門にあたる比叡山の麓《ふもと》に、赤山大明神《せきさんだいみょうじん》という中国の神を祀《まつ》った赤山禅院《せきさんぜんいん》が造られたのも、円仁の指示によるものだと伝えられる。

赤山大明神は泰山府君《たいざんふくん》とも呼ばれる陰陽道《おんみょうどう》の神で、敷地は比叡山の寺域にあるのだが、ここだけは女人禁制の領域外だとされ、女性が比叡山の僧侶の法話を聴く場となっていた。おそらく親鸞はここで、のちに妻となる玉日姫や恵信尼と出会ったのではないかと思われる。

親鸞が赤山禅院で信徒の女人から、なぜ女人は比叡山に入れぬのかと詰問され、困惑するというエピソードが伝説として伝わっている。

比叡山は男ばかりの修行の場だが、ある程度の修行を積むと、洛中で法話を説く仕事も任され、女人と言葉を交わす機会もあるのだ。

それだけに、女人への欲望を断つことも、重大な修行になっていく。

最澄が大事にした法華経という経典そのものが、初期仏教から密教まで、さまざまな教えを集大成したものなので、比叡山の修行も多面的、総合的なものとなった。

比叡山には、四種の修行法があった。

常坐三昧《じょうざざんまい》……座禅
常行三昧《じょうぎょうざんまい》……念仏
半行半坐三昧……陀羅尼と座禅

非行非坐三昧……山岳修行など

最後の非行非坐三昧というのは、念仏でも座禅でもない修行で、僧侶の日常生活のすべてを修行とするものだ。比叡山は高山の上に寺域が広がっている。水汲みも、供養のための花をつむのも、山上から谷間まで駆け下りる荒行だ。また峰から峰を駆け回る山岳修行も励行された。その集大成が、千日回峰行という苦行だ。

親鸞も二十年にわたって比叡山での修行を体験している。

修行の中に念仏も組み込まれてはいるのだが、不眠不休で阿弥陀堂を巡回するという比叡山の常行三昧はまさに苦行だ。

そもそも念仏という語は、想念によって仏の姿を観察《かんざつ》するというのが本来の趣旨であって、常行三昧とは、南無阿弥陀仏と唱えながら、不眠不休で堂内を巡回することで、疲労と睡眠不足の朦朧《もうろう》となった夢見心地の中で、阿弥陀如来のお姿を脳裏に現出させることが目的の修行だ。従って、のちに法然が提唱した称名《しょうみょう》念仏とは趣《おもむき》が異なっている。

称名念仏（口称《こうしょう》念仏）というものを民衆に広めた人物として特筆されるのは、平安中期の空也《くうや》だ。空也については資料がほとんどなく、出自についても明らかではないのだが、京都の六波羅蜜寺《ろくはらみつじ》などにある空也像（木造空也上人立像《しょうにんりゅうぞう》）はよく知られている。

首から鉦《かね》を下げ、右手に撞木《しゅもく》、左手に上部に鹿の角のついた杖《じょう》をもっている。粗末な衣にわらじをはいた旅のいでたちで、全国を歩き回った空也の姿を彷彿《ほうふつ》とさせるものだが、特徴的なのは、その口から何かが噴き出していることだ。

よく見ると、六体の小さな仏が線でつながっている。

これは空也の口から、南無阿弥陀仏の六字の名号が飛び出すさまを描写したものだ。その六文字が、口から出た途端に仏になっているさまが示されている。

空也はどの宗派にも属さず、全国を巡って、鉦を叩きながら念仏を唱えた。まさに称名念仏の元祖といっていい人物だ。ただ空也にどのような意図があってこのようなパフォーマンスを試みたのかは、まったくわかっていない。

次に特筆すべきなのは、恵心僧都《えしんそうず》と称された源信《げんしん》だ。

源信は親鸞が七高僧と呼んだ浄土の教えの先駆者の第六祖にあたる。源信は比叡山の僧侶だが、第五祖の善導《ぜんどう》の論書に強い影響を受けて、日本における浄土の教えの基礎を築いた。寺域の奥の横川《よかわ》にある恵心院に隠遁《いんとん》して、大著の『往生要集《おうじょうようしゅう》』を著《あらわ》した。

ここには浄土三部経や先駆者たちの論書から、六道輪廻《りんね》と極楽浄土のありさまが詳述されているのだが、とくに地獄のありさまが詳細に描かれていることが、衝撃をもって迎えられた。その地獄のありさまは、多くの僧侶の法話によって民衆に伝えられた。また地獄絵図が描かれ、恐ろしい地獄のイメージが普及することにもなった。

ただし源信の提唱する念仏は、仏の姿を想いうかべる観察《かんざつ》（観想）が中心で、称名念仏は補助的な手段だとされていた。

念仏の歴史で、もう一人、欠かせない人物がいる。

同じく比叡山の学僧であった良忍《りょうにん》だ。

良忍は阿弥陀さまのお告げを受けたとされる。

そのお告げとは「一人の念仏が万人の念仏に通じる」というもので、ひたすら念仏を唱え続ければそれが万民の救済につながるという教えを説いた。

自分の救済のために念仏を唱えるのではなく、万民のために念仏を唱えるということの考え方は、融通念仏《ゆうずうねんぶつ》と呼ばれ、一時は多くの信徒が集まったのだが、長くは続かなかった。

しかし観想のための念仏ではなく、口称の称名念仏によって救済を求めるという点では、法然や親鸞の先駆者といっていいだろう。

法然の教え

法然《ほうねん》は西暦一一三三年の生まれで、七三年生まれの親鸞より四十歳の年長ということになる。

法然と呼ばれることが多いのだが、これは房号《ぼうごう》（通称）で、俗人の諱《いみな》にあたる法名《ほうみょう》は源空《げんくう》という。すなわち法然房源空だ。ただし法然は、この源空という法名をあまり用いなかった。

法然は美作《みまさか》（岡山県）の地元豪族の生まれだが、土地争いで父が亡くなり、母方の叔父の僧侶に預けられた。十三歳で比叡山延暦寺に上り、歴史書『扶桑略記《ふそうりゃっき》』の編者とされる皇円《こうえん》の弟子となったが、のちに良忍《りょうにん》の弟子の叡空《えいくう》から浄土の教えを受けた。

叡空は『往生要集』の講義で名高く、叡山《えいざん》第一と称される高僧で、法然も強い影響を受けることになる。法然は叡空のもとで勉学に励み、智恵第一の法然房と称されるようになる。法然は源信も影響を受けた善導《ぜんどう》（七高僧の第五祖）の論書を読んで、専修念仏という教えに傾倒することになる。

師の叡空は密教の知識も豊富で、京の貴族からも高く評価されていた。良忍から浄土の教えを学んではいたが、専修念仏を主張する法然の考えを容認せず、子弟は対立を深めることになる。

十三歳で比叡山に上った法然は、三十年後、四十三歳で山を下り、洛東の東山の麓《ふもと》に吉水草庵《よしみずそうあん》を開いて、浄土の教えを説くことになった。

法然の法名の源空は、師の叡空から一字を譲られたものだろう。もう一文字は恵心僧都源信からと思われる。いずれも比叡山の高僧で、浄土の教えを広めた功績はあるのだが、法然の専修念仏とは異なる考え方だ。ことに師の叡空とは、かなり厳しい対立があったようで、師の名が一字入った源空という法名を、法然は嫌っていたのではと思われる。

比叡山で三十年にわたって修行した法然は、すでに高名になっていた。法然は比叡山の修行者だから、座禅もすれば、陀羅尼を唱えることもできる。朝廷の儀式や貴族の法事などで、貴族たちにも顔を知られていた。その人柄や、恰幅《かっぷく》のいい整った容姿で、京の貴族の間でも人気があった。

とくに右大臣（のちの関白）という要職にあった九条兼実《くじょうかねざね》は、法然の熱心な支持者となった。

兼実は父の関白藤原忠通《ただみち》の六男にすぎなかったが、姉の崇徳帝中宮《すとくていちゅうぐう》で皇嘉門院《こうかもんいん》と称された藤原聖子《きよこ》の猶子《ゆうし》となり、十六歳で内大臣、十八歳で右大臣という破格の出世をした。とはいえ兄の近衛基《このえもと》実《ざね》、松殿基房《まつどのもとふさ》がいたため、長く右大臣のままに据え置かれた。しかし近衛家が平家と親交を結び、松殿家が木曽義仲に取り入るなどして、いずれも衰退したために、政権を掌握した源頼朝の推挙で関白に昇ることとなった。

さらに娘の任子《たえこ》を中宮として後鳥羽《ごとば》帝に入内《じゅだい》させ、京における権威を確立した兼実だったが、新たに台頭した村上源氏の流れをくむ土御門通親《つちみかどみちちか》（源通親あるいは久我《こが》通親とも呼ばれる）の画策によって失脚した。そのため娘の任子も内裏《だいり》を退出することになり、のちに法然のもとで受戒し仏門に入った。

関白の座にあったころから、兼実は法然を信頼し、教えを受けていたのだが、法然も弟子が増えて、吉水草庵から離れることができなくなった。そこで証空《しょうくう》という若い優秀な弟子を、兼実のもとに通わせることにしたのだが、そのおりのテキストとして証空に持たせたのが、のちに『選択本願念仏集《せんじゃくほんがんねんぶつしゅう》』としてまとめられた法然の主著だ。

この著作は版木にも彫られて、浄土の教えの教科書として広く読まれることになった。親鸞もこの書を弟子たちに読ませている。

九条家に通った証空は、奇《く》しくも兼実を失脚させた土御門通親の親戚で、通親の猶子になっていたのだが、出家して法然門下に入門し、兼実のもとに通うようになった。

法然の弟子には、比叡山の高僧も含まれていて、全体としても年輩の弟子が少なくなかったのだが、証空は親鸞よりも四歳若く、それでいて法然の側近となるほどに信頼されていた。この証空は僧籍は比叡山にあって、法然が流罪となり教団が解散したあとも、比叡山で浄土の教えを説き、のちに京の西山の禅林寺《ぜんりんじ》を本拠として、法然の教えを後世に伝えることになった。

親鸞の最初の妻となる玉日姫《たまひひめ》は、兼実の末娘だとされる。また二番目の妻の恵信尼《えしんに》は、はじめは任子《たえこ》の侍女《じじょ》として、宮中の女官をつとめ、のちに玉日姫の侍女になったのではないかと考えられる。

恵信尼の父は三善為教《みよしためのり》という文官で、九条家の家司《けいし》をつとめていた。越後介《えちごのすけ》（次官）として越後に赴任していたことがある。また恵信尼が「ちくぜん」と署名した手紙があることから、恵信尼が宮中の女官をつとめていたころ、父が筑前に赴任していたということがあったのかもしれない。女官は宮中では、父親の役職などを通称とすることが多かった。

九条兼実は全国に領地を有していた。摂関家をつとめた藤原一族の荘園の大半は、地元豪族が開発した土地で、税金逃れのために名義だけ摂関家のもの（摂関家の荘園はほぼ無税となる）にしたものだったが、名義として名前を貸す代償として、実際に領地の一部を寄進させることもあった。

所領があると、荘官として、管理人を派遣しなければならない。三善家は代々、越後で荘官をつとめていたようで、三善為教の父や祖父も、越後介《えちごのすけ》をつとめたことがあった。為教の代には、その土地が三善家のものになっていたようで、最終的には恵信尼がその土地を相続して管理するようになった。

そういうことから考えてみると、三善一族は、九条家から信頼された配下だったのだろう。

法然の流罪

関白の座から失脚し、娘も宮中から退出するという、失意のどん底に落ち込んだ九条兼実は、自らも出家を決意するのだが、その決意の直前に、法然の吉水草庵を訪ねた。そして、食欲や色欲に溺れ、戒律を破るような心弱き者でも、極楽往生できるとはまことのことかと、法然に詰問する。

法然には、唯一の矛盾点ともいうべき弱点があった。法然は比叡山で三十年間にわたって修行をした人物で、高僧といっていい風格があった。だがそのことが弱点となる。戒律を厳守する品行方正で高貴な人物という定評が、わずかな疑念をもたらすことになる。

法然は生涯独身であり、酒も飲まず、肉も食さない。比叡山を下りても、高僧らしく厳しい戒律を守り抜いている。そのような高僧が、色欲に溺れ、酒を飲み、肉を食べても極楽往生できると説いても、心の底から信じることはできない。そのように疑念を表明する兼実に対して、法然は驚くべき提案をした。

自分が最も信頼する弟子に、妻をめとらせてみようというのだ。

これに応じて兼実は、その弟子を自らの末娘の婿《むこ》に迎え入れると申し出た。そしてその婿に選ばれたのが親鸞だった。なお、わたしの小説（『親鸞』作品社）では、兼実と法然が示し合わせて親鸞を婿にしたことになっている。

この時代はかなり世の中がゆるんでいて、比叡山の高僧でも密かに洛中に別宅をもち、妻子がいるという例も少なくなかったのだが、僧侶が堂々と妻帯するというのは前例のないことだった。法然としても、大きな決断だったと思われる。自分の最も信頼する弟子に女犯《にょぼん》の罪を負わせる。そのことで、専修念仏の効用を世に示そうとしたのだろう。

これは伝説のごときものだから、実際にそのようなことがあったのかどうかは定かではない。しかし親鸞の最初の妻が玉日姫という兼実の娘であることは、ほぼ事実と考えてよい。また恵信尼が九条家の家司の娘で、九条家の荘園を管理する仕事をしていたことは、まちがいのないことだと考えられる。

そのようにして、親鸞は入門してから日が浅いにもかかわらず、元関白の家に婿入りしたことで、法然の第一の弟子と見なされるようになった。このことが親鸞の人生に大きな転機をもたらすことになる。

法然はある事件がきっかけで、死罪を宣告され、九条兼実の奔走で減刑になったものの、土佐に流罪となった。この時、同時に流刑となったのが親鸞だった。法然の側近や高弟は他にも大勢いたのだが、親鸞だけが越後に流されることになった。

このことはまた改めて述べるとして、法然が流罪になった事件について述べておく。

法然が吉水草庵で活動を始めると、多くの弟子が集まった。この吉水草庵の活動はやがて浄土宗と呼ばれるようになる。

仏教経典は膨大な量があり、それを学ぶのは大変だが、さらに比叡山では肉体の苦痛をともなう厳しい修行が課せられている。だが、比叡山で十年、二十年と修行しても、誰もが覚《さと》りの境地に到達できるわけではない。

法然の専修念仏の教えでは、念仏を唱えるだけで極楽往生でき、ただちに成仏できるという。比叡山の修行者にとっても、この教えで多くの信徒を救うことができるのであれば、山岳修行などで苦労する必要もないということになる。

貴族や武士などの在家信者だけでなく、比叡山や南都奈良の修行者も、続々と法然門下に入るようになっていた。これは比叡山の天台宗にとっても、南都六宗にとっても、大きな脅威《きょうい》となる。

すでに鎌倉には幕府が設営され、武士の世に移り変わっているとはいえ、京においては、後鳥羽《ごとば》院《いん》が最高権力者として君臨していた。その後鳥羽院のもとに、比叡山からも南都からも、新興の浄土宗の活動を取り締まってほしいという訴えが寄せられていた。

しかし関白九条兼実が法然を支援していることもあって、法然の活動は黙認されていた。それが一転して、法然が流刑となり、教団の解散が命じられることになった。

西暦一二〇七年、法然七十五歳、親鸞三十五歳の時のことだ。

法然の弟子に、住蓮《じゅうれん》と安楽《あんらく》という若い僧がいた。

吉水草庵は、弟子たちが自由に出入りする場所で、比叡山の僧たちも出入りしていたし、独自の活動をする者もあった。この二人は東山の鹿ヶ谷《ししがたに》に自分たちの拠点をもち、徹夜で念仏を唱える念仏講という集会を開いていた。

徹夜で念仏を唱えるというのは、比叡山では一種の苦行であった。

だがこの二人は姿もよく、美声の持ち主だった。多くの女性の信者が集まり、若い僧たちの美声に合わせて、徹夜で念仏を唱える。そこには宗教的な法悦《ほうえつ》のようなものがあったのかもしれない。

もっと単純に考えれば、親鸞よりも少しあとの時代に現れた一遍《いっぺん》の踊り念仏のような、パフォーマンスをともなう徹夜念仏だったのかもしれない。

いまでいえば深夜のディスコやダンスクラブのようなもので、多くの信徒が集まっていたようだ。

後鳥羽院が熊野詣《くまのもうで》の旅に出ていた間に、院が寵愛《ちょうあい》していた女官二人が、この徹夜の念仏に参加していたことが、あとになって判明した。これが後鳥羽院の逆鱗《げきりん》に触れた。

この種の宗教的法悦は、乱交パーティーのようなものに発展することがある。奈良時代にも講と呼ばれる信徒の集会があって、風紀が乱れることもあった。桓武帝が奈良仏教を嫌ったのも、そういう懸念《けねん》があったからだとも考えられる。

後鳥羽院は、異母兄の安徳帝《あんとくてい》が平家とともに壇ノ浦《だんのうら》で入水《じゅすい》したことで、急遽《きゅうきょ》、幼帝として擁立された人物だ。幼少のころから皇位に就いていたので、退位して上皇となったあとも、わがままな独裁者として君臨していた。のちには幕府軍と闘って隠岐《おき》に流刑《るけい》になる悲運の権力者でもあった。

怒りに燃えた上皇は、鹿ケ谷の関係者を死罪としたばかりか、法然と親鸞に死罪を宣告した。引退していた九条兼実の奔走で、法然は土佐、親鸞は越後への流罪に減刑された。

すでに述べたように、法然は実際には九条家の領地のある讃岐《さぬき》に赴《おもむ》いただけだった。しかも讃岐滞在はわずか十ヵ月ほどで、摂津《せっつ》の勝尾寺《かつおうじ》に二年ほど滞在した後に、京の吉水草庵に戻った。それから二年後の一二一二年、法然は吉水草庵で亡くなった。享年八十という当時としては高齢であった。

親鸞の生い立ち

親鸞は西暦一一七三年に生まれた。

平家の全盛時代で、この年、平清盛《きよもり》の娘の徳子《とくこ》（建礼門院《けんれいもんいん》）が高倉《たかくら》帝の中宮《ちゅうぐう》になっている。安徳《あんとく》帝が生まれるのは五年後のことだ。

父は日野有範《ありのり》という。先祖は藤原一族だが、摂関家とは遠い昔に分かれた傍流《ぼうりゅう》で、下級文官の家系にすぎなかった。父の有範は三男で、長男の範綱《のりつな》は後白河院に仕える文官、次男の宗業《むねなり》は九条兼実の家司《けいし》であり、儒学者として高く評価されていた。三男の父も、勉学に励めば下級の文官として、それなりの職務にはつけたはずだった。

しかし親鸞が五歳（数え年）の時に、父は仏門に入った。親鸞には弟が四人あったから、毎年一人ずつ男児が誕生したという計算になる。母は五人兄弟を連れて、長兄の範綱の邸宅に間借りをすることになる。

父が出家した理由と、母の出自については、本文の中で書いたので、ここではくりかえさないが、いずれも推測にすぎず、史実として確認されたわけではない。

ただ全盛であった平家の権威に、徐々に陰りが出てきた不穏《ふおん》な時期であったので、父が平家打倒の陰謀に加担したとか、母が源氏の縁者であったとか、何らかの理由があったと感じられる。いずれにしても、五歳の時に父が出家し、五人の子育てをしなければならなかった母も亡くなって、親鸞は九歳の時に仏門に入ることになる。

親鸞が青蓮院《しょうれんいん》の慈円《じえん》のもとで出家したことは、史実といっていい。

慈円から与えられた法名は、範宴《はんねん》というものだった。父が有範、育ての親となった伯父が範綱であるから、「範」の字は親族からとられたのだろう。本来なら師の慈円から「円」の字をたまわるところだが、入門したばかりの少年であるから、とりあえず音《おん》が同じ「宴」としたものと思われる。

慈円はのちに関白となる九条兼実《かねざね》の同母の弟で、わが国で最初の個人編纂《へんさん》の歴史書である『愚管《ぐかん》抄《しょう》』の著者として知られる。和歌も多く百人一首にも選ばれている。摂関家の出身という家柄のよさもあって、天台座主《ざす》という比叡山の最高位に四度昇るという高僧だったが、親鸞が入門した時にはまだ二十代の後半だった。

青蓮院は門跡《もんぜき》寺院と呼ばれる皇族や上流貴族の子弟が住職をつとめる寺院で、誰もが入門できるところではない。二人の伯父が後白河院や九条兼実の配下であったことから、つてをたどって入門にこぎつけたのだろう。

慈円はのちには天台座主となり、比叡山を本拠とするようになるが、このころは東山の西麓にある青蓮院を本拠として、洛中の皇族や貴族と親交を結んでいた。右大臣兼実の同母の弟という家柄の良さから、人気の僧であったと思われる。

京の鴨川より東は、昔は洛外と呼ばれて、貴族の別邸や隠居所が置かれる場所だったのだが、平安京の西側は湿地が多くしだいに寂れていって、京の中心部が洛東に移っていた。その東の端にある青蓮院や祇園社《ぎおんしゃ》（八坂神社）は、京の一部といってよかった。青蓮院は東山の頂上までの広大な寺域を有していたので、少年の親鸞も山の斜面を走破する山岳修行を体験したはずだ。

のちに親鸞が入門する法然の吉水草庵《よしみずそうあん》は、青蓮院と祇園社の中間地点の崖下にある。すでにそこで法然は活動を始めていたのだが、もちろん九歳の親鸞がそのようなことを知るはずもなかった。

やがて親鸞は比叡山に上り、学僧として修行をすることになる。座禅、陀羅尼、山岳修行とともに、念仏堂での徹夜念仏も体験したはずだが、まだ専修念仏といったものには触れていない。

先輩に安居院聖覚《あぐいのせいかく》という若い僧がいた。父が安居院澄憲《ちょうけん》という唱導師《しょうどうし》で、聖覚はそのあとを継ぐことになるのだが、親鸞に先んじて法然門下に入り、『唯信抄《ゆいしんしょう》』という著作もある。親鸞が法然の活動を知ったのも聖覚に教えられたからだと考えられるし、東国での活動では、この聖覚の著作を教科書としていた。

唱導というのは、唱うように節をつける説教のことで、聖覚の父は人気があったようだ。そのせいか、聖覚も比叡山の教えをただ学ぶだけではなく、仏教の新しい試みにも興味をもち、法然の活動にもいちはやく注目したのだろう。

聖徳太子と親鸞

親鸞の最初の師であった慈円は、『愚管抄』の中で、「道理」という言葉を用いて、歴史の流れには合理性と必然性があったと説いた。

とくに慈円が高く評価したのは聖徳太子《しょうとくたいし》だ。仏教によって国を統一した聖徳太子の政治方針は、日本の国としての基礎を造るための必然であった。

慈円は多忙であったが、ひまを見つけては聖徳太子廟《びょう》を参拝していた。入門してから十年目、十九歳の時に、親鸞は慈円に随行して、河内《かわち》の二上山《ふたかみやま》の西麓《せいろく》にある聖徳太子廟を訪ねた。

すでにご紹介したように、三骨一廟《さんこついちびょう》という珍しい造りになっているこの墳墓《ふんぼ》は、中央の母の墓を阿弥陀仏に見立て、左右に脇侍として、自らを観音菩薩、妃《きさき》を勢至《せいし》菩薩としたものだ。

墳墓の内部には聖徳太子直筆《じきひつ》の文字が書かれていたとされ、その文言は廟《びょう》の入口の碑文に刻まれている。その碑文に次のような文言がある。

我が身は世を救う観世音《かんぜおん》なり。定《じょう》（禅）と慧《え》（般若《はんにゃ》／言葉にならぬ智恵）によりて契《ちぎ》りし女は大勢至なり。わが身を生育せる大悲《だいひ》の母は、西方教主《さいほうきょうしゅ》の阿弥陀なり。

生前から救世観音《ぐぜかんのん》の化身という噂があった聖徳太子は、自らも観音菩薩として生きようと決意していたようだ。だがここには、自らの妃を、「禅と智恵によりて契りし女」と表現している。

聖徳太子は三経義疏《ぎしょ》を著《あらわ》すほどに仏教を重んじ、深い見識をもっていた。だが居士《こじ》と呼ばれる在家信者の王族であるから、何人も妃がいて、子どももいた。観音菩薩の化身と称されるほどの偉大なお方であるから、女犯《にょぼん》という戒律破りをしても、仏教への信仰はいささかも揺るがなかったのだろう。

比叡山は女人禁制の聖域であり、修行者は禁欲を強いられていた。十九歳の親鸞の胸中に、この時、初めて、自らの未来に新しい可能性があることが、予見されたのではないだろうか。

その直後に、親鸞は自ら望んで、廟窟《びょうくつ》内で徹夜の修行をし、夢告《むごう》を受けた。

目の前に突如として燦然《さんぜん》とした光芒《こうぼう》が生じ、その光の中に太子の姿がうかびあがった。

そして、次のような言葉を受けた。

我が三尊は塵沙界《じんしゃかい》を化す。日域《にちいき》は大乗に相応の地なり。諦《あき》らかに聴け諦らかに聴け。我が教えと令《みことのり》を。汝《なんじ》が命根《みょうこん》は応《まさ》に十余歳なるべし。命《いのち》終りて速《すみ》やかに清浄土《せいじょうど》に入らん。善信《ぜんしん》、善信、真《まこと》の菩薩よ。

この夢告の中心にあるのは、命の予告だ。

「おまえの余命《よめい》はあと十年だ。その後はすぐに浄土に入る」

これは恐るべき予言だった。

最後の「善信、善信、真菩薩」という語句は、「善く信ぜよ、善く信ぜよ、真なる菩薩を」というふうにも解釈できるのだが、のちに親鸞が善信房《ぜんしんぼう》と名乗ることから、親鸞はこれを自分に対する呼びかけと受け止めたようだ。

これを呼びかけの房号とすると、「菩薩を信ぜよ」ということではなく、「善信よ。おまえは菩薩なのだ」という、聖徳太子の宣告にも受け取れる。

比叡山の修行者はすべて、四弘誓願《しぐぜいがん》を唱えながら、菩薩としての修行をしているのだが、この夢告を受けて以後、親鸞自身、より強く、菩薩としての生き方を意識するようになったのではないかと思われる。

と同時に、「禅と智恵によりて契《ちぎ》りし女」という語句も、胸中に刻みつけられた。仏教を深く信仰する女性との出会いがあれば、自分も妻帯することがあるのではないかという予感のようなものを、この時、親鸞は受けたのではないだろうか。

あと十年で死ぬ。これは恐ろしい予言ではあるが、その十年目が近づくにつれて、親鸞は自分の将来に、別の生き方があるのではないかと考えるようになった。

そこで親鸞は、山を下りて、洛中にある六角堂にこもることになる。

六角堂での夢告

茶道《さどう》の池坊《いけのぼう》の発祥《はっしょう》の地としても知られる六角堂は、聖徳太子にゆかりの地だ。

昔からこの地には清涼な池があった。

平安京のある地は、かつては葛野《かどの》と呼ばれ、渡来人の秦《はた》一族が養蚕《ようさん》のための桑畑《くわばたけ》を作っているだけの、ひなびた地域だった。四天王寺建立《こんりゅう》のための木材を求めて、この地を訪ねた聖徳太子は、池で沐浴《もくよく》した。この時、首から下げていた小さな観音像を衣服とともに、池の端の木にかけたのだが、池から上がって衣服を着、観音像を手にとろうとすると、像が木に貼り付いて動かなくなった。

観音がこの地を求めていると察した聖徳太子は、池の畔《ほとり》に小堂を築き、観音像を安置したという伝説が残っている。

聖徳太子の予言の十年目が迫ったことを感じた親鸞は、比叡山において三十七日間の結願《けちがん》をして山岳修行に取り組んだ。山の南端に位置する無動寺《むどうじ》の宿坊から、東麓《とうろく》の日吉《ひえ》大社《たいしゃ》まで駆け下る厳しい修行だ。広大な神社の境内を回ってから、一気に比叡山まで駆け登る。それから観音菩薩が安置されている大乗院《だいじょういん》で、徹夜で陀羅尼《だらに》を唱える。これを三十七日間、くりかえすことになる。

その三十五日目に、観音菩薩の声が聞こえたように思った。

善哉善哉汝願将満足

善哉善哉我願亦満足

善きかな、善きかな、なんじの願いはまさに満足されようとしている。わが願いもまたそれで満足されることになる……。

観音の声は、同時に聖徳太子の声でもある。太子によって予言された十年目を迎えようとしているこの時、自分も、太子も、願いが満たされようとしている。

この声を聞いて、親鸞は、もはやこの比叡山で学ぶものは何もないのだと確信した。

そこで親鸞は六角堂に通うことにした。ここの本尊も観音菩薩だ。しかも聖徳太子にゆかりの地だ。

まだ僧籍は比叡山にある。比叡山の宿坊から、西に向かって坂を駆け下り、洛中に出て六角堂に向かう。そして堂内で徹夜して、朝方、比叡山に戻る。

百日の結願を決意して六角堂に参籠《さんろう》する。元日から始めたので四月十日すぎに満願となるのだが、半ばをすぎた三月中旬の午後、六角堂に向かう途中で、比叡山の先輩に出会った。

安居院聖覚《あぐいのせいかく》だ。『唯信抄《ゆいしんしょう》』という著作もある聖覚は、親鸞に先んじて法然の弟子となっていた。信頼していた先輩から法然の教えについて聞いた親鸞の心が動いた。

この時の親鸞の心の内については、ただ想像するしかないのだが、これよりも前に、赤山禅院でのちに妻となる玉日姫や恵信尼と出会ったのではないかとわたしは考えている。そうでないとしても、慈円の側近となっていた親鸞は、洛中で法話を説くことも多くなっていた。男ばかりの比叡山と違って、洛中に出れば女性と接することもある。

幼少のころに母を失った親鸞は、修行中は女性との接触などほとんどなかったはずだが、法話を説くようになると、女性からの質問に応えることもあれば、法話に感動した女性たちから感謝されることもあっただろう。

美しい女性と接すれば、それなりの煩悩《ぼんのう》がわいてくるということもあったはずだ。

修行者にとって女犯《にょぼん》は重大な戒律破りだ。しかし観音菩薩の化身と称された聖徳太子には妃《きさき》があった。それを太子は「禅と智恵によりて契りし女」と述べた。聖覚から法然の話を聞いた親鸞は、浄土の教えでは女犯も許されるということも伝えられていたはずだ。これは比叡山の修行者にとっては驚くべき教えだが、法然は比叡山で三十年にわたって修行をした高僧なのだ。

法然に会ってみたいと、親鸞は強く思ったのではないだろうか。

聖徳太子廟での夢告によって、余命十年と予言されたことで、親鸞自身、自分の転機が近いということを、予感していたのではないかと思われる。

安居院聖覚と会ったのは、六角堂への参籠の途上だった。徹夜で参籠したあとで、親鸞は比叡山には戻らず、法然の吉水草庵を訪ねた。洛中の六角堂から吉水草庵までは、わずかな距離だ。そこで親鸞は、法然という人物の人柄に触れ、ただちに入門を決意した。

六角堂への参籠《さんろう》は、百日の結願で始めたので、あと一月近く通う必要があった。おそらく親鸞は、昼間は吉水草庵で法然の弟子たちから教えを受け、夜になると六角堂に通ったのだろう。

あと数日で結願となる四月五日の深夜のことだ。

小さな灯明《とうみょう》がともっているだけで薄暗い堂内に、突如として光芒《こうぼう》が満ち、白蓮華《びゃくれんげ》の上に座した六臂《ろっぴ》の如意輪観音のお姿が現れた。それは同時に、聖徳太子のお姿であった。

女人のように柔和なお顔をされた聖徳太子が、親鸞に語りかけた。

行者宿報設女犯
我成玉女身被犯
一生之間能荘厳
臨終引導生極楽

伝説で語り継がれているこの漢文の文言を読み下すと次のようになる。

行者《ぎょうじゃ》、宿報《しゅくほう》にて、たとい女を犯すとも、我《われ》、玉女《ぎょくじょ》の身となりて犯《おか》されん。

一生の間、よく荘厳《しょうごん》して、臨終《りんじゅう》に引導《いんどう》し、極楽に生《しょう》じせしめん。

あなたが宿因《しゅくいん》の報《むく》いとして、女犯《にょぼん》の煩悩に悩むのなら、わたしが玉のごとき女人に姿を変えて犯されましょう。そして一生の間、ともに生きて、わたしの智恵と美しさであなたを飾り、臨終《りんじゅう》の時には極楽にお導きいたしましょう。

聖徳太子が、あるいは観音菩薩が、女人となって妻となり、一生添い遂げて、あの世へ導きましょうという、何とも驚くべきお告げを受けて、親鸞は比叡山での修行を捨て、新たな人生を始めようと決意する。

この夢告《むごう》のことを、親鸞は師の法然に話したのだろう。

法然が、九条兼実の末娘との縁組みを画策したのも、親鸞こそが、浄土の教えを説く新たな導師として、次の世を拓《ひら》いていくという確信が、法然にあったからだと思われる。

先にも述べたように、法然は弟子や信徒に、煩悩に負けて妻帯し、肉を食し、飲酒したとしても、必ず極楽に往生できると説いた。しかし法然自身は妻帯せず、戒律を守り続けた。

法然は人格者であり、比叡山の高僧としての信頼感もあって、多くの信徒から信頼されていたのだが、戒律を守っている者が、煩悩に負けてもよいと説くのは、矛盾《むじゅん》をはらんだ言説だといわねばならない。

自ら妻帯して、浄土の教えを説く。そうした新たな時代の導師としての役目を、法然は親鸞に託したのだ。

越後への流罪

法然と親鸞が死罪を言い渡された経緯についてはすでに述べた。

独裁者の後鳥羽院《ごとばいん》の、怒りに任せた恣意的《しいてき》な裁決というべきだろう。

さすがに後鳥羽院も、死刑は重すぎたと反省されたのだろう。九条兼実の奔走《ほんそう》もあって、法然は土佐、親鸞は越後に流刑《るけい》となった。

親鸞は法然の第一の弟子というわけではなかった。比叡山の高僧ともいうべき人々が法然の周囲には何人もいたし、証空《しょうくう》など、高貴な出自の弟子もいた。ただ親鸞が九条兼実の入り婿《むこ》になっていたということが、後鳥羽院の目に留まったのだろう。

親鸞の最初の妻、玉日姫《たまひひめ》の存在は、公式には認められていない。

しかし京都の西岸寺《せいがんじ》（伏見区深草）には玉日姫御廟所《たまひひめごびょうじょ》というものが残されている。『親鸞聖人御因縁』や『浄土三国仏祖伝集』などの資料にも、親鸞が兼実の娘と結婚したことが記されている。また玉日像を安置している寺院もある（東京都杉並区真教寺、京都東福寺大機院など）。

兼実は詳細な日記を残しているのだが、そこに玉日姫の記載がないということが、玉日姫の実在を否定する一つの根拠になっていたのだが、高齢になってからおそらく妾腹《しょうふく》にできた娘で、兄弟姉妹の中でも扱いの低い女性であったと考えれば、日記に記載がないことも納得できるだろう。晩年の兼実の身の回りの世話をするような女性だったのかもしれない。

すでに病身であった兼実は、法然と親鸞の減刑のために、最後の力をふりしぼって奔走したようで、その直後に亡くなっている。

流罪の者は、流刑地に家族を連れていくのが当時の定めであった。しかし兼実が病臥していたので、玉日の同行は不可能であった。すでに長男の善鸞《ぜんらん》は生まれていて、まだ幼少だったとも考えられる。そこで九条家に侍女《じじょ》として仕えていた恵信尼《えしんに》が、妻として親鸞に同行することになった。恵信尼は玉日姫の姉の任子《たえこ》が中宮として入内していた当時、女官として仕えていた。任子が法然のもとで出家したおりには、女官たちも同時に出家した。その時から恵信尼《えしんに》という法名で呼ばれるようになったのだろう。恵信尼は親鸞のこともよく知っていて、尊敬してもいたはずだ。喜んで流刑に同行したものと思われる。

すでにご紹介したように、恵信尼の父の三善為教《みよしためのり》は越後介《えちごのすけ》をつとめたこともあり、越後に領地を有していた。三善家の配下の者がその領地を管理していたはずで、恵信尼にとっては地元といっていい場所だった。

流刑になった者は、一年ほどは食料を支給されるのだが、その間に、自活の道を探らねばならぬとされていた。親鸞の場合は、妻の実家の領地で暮らしていたので、食べるものには困らなかった。流刑といっても、のんびり生活できる恵まれた状況だった。とはいえ罪人であるから、宗教活動はできない。親鸞という法名も剥奪《はくだつ》されていたので、親鸞は自らを愚禿《ぐとく》と呼んだ。「愚」というのは遜《へりくだ》った自称だ。最初の師の慈円の『愚管抄』という歴史書のタイトルも、遜った姿勢を示している。それにならったのだろう。「禿」というのは子どものオカッパ頭のことだ。法名も僧籍も剥奪された親鸞は、剃髪することも許されなかったので、ボサボサの頭をしていたようだ。その姿を自虐的に「愚禿」と呼んだものと思われる。

ここで改めて、親鸞という法名についても述べておこう。

親鸞は九歳で入門したので、元服した時に与えられる諱《いみな》をもっていない。

幼名は「松若《まつわか》」といったとされているが、これは伝説にすぎない。

慈円のもとに入門した時に与えられた法名は範宴《はんねん》。房号は与えられなかった。比叡山では「少納《しょうな》言公《ごんのきみ》」と呼ばれていたらしい。伯父や父が下級文官であったことから、こう呼ばれたのかもしれない。

すでに述べたように、聖徳太子廟の夢告のあとは、「善信房《ぜんしんぼう》」と名乗っていた。

法然に入門した直後に、「綽空《しゃっくう》」という法名が与えられた。

さらに、法然から高弟の一人と認められたおりに、「親鸞」という法名を戴《いただ》いたものと考えられる。

善信房という房号に、綽空、親鸞という法名を並べてみると、ここには七高僧の名がずらりと並んでいることがわかる。

七高僧とは、インドの龍樹《りゅうじゅ》、天親《てんじん》、中国の曇鸞《どんらん》、道綽《どうしゃく》、善導《ぜんどう》、それに日本の恵心僧都源信と法然房源空だ。伝説上の存在とされる龍樹菩薩以外の六人の高僧の名が、善信、綽空、親鸞の六文字に採用されている。

親鸞はとくに、インドにおいて浄土の教えを極めた天親と、その教えを中国で広めた曇鸞を尊敬していたので、「親鸞」という名には誇りをもっていたはずだ。

しかしまた、愚禿という自称にも愛着をもっていたようで、署名を求められると、「愚禿釈親鸞」と書くのが通例だった。

東国への旅立ち

越後への流刑は四年半に及んだ。

親鸞三十五歳から三十九歳の期間に相当する。

刑の終了を言い渡された時、法然の流罪《るざい》もすでに解けていたので、師のもとに戻る予定であったろうと思われるのだが、積雪のある冬季であったため翌春を待っていると、法然の訃報《ふほう》が届いた。

親鸞は四十歳になっている。その年の八月、法然の墓参りのために京に赴いた。九条兼実の墓にも詣《もう》でたはずだ。すでに玉日姫も亡くなっていたので妻の墓参も済ませ、親鸞は越後に戻った。

京において、法然の弟子だった性信《しょうしん》と、何らかの交流があったものと思われる。性信は親鸞の一番弟子となった。あるいはそれ以前に、性信《しょうしん》が越後を訪ねたことがあったのかもしれない。

越後に流罪と決まるまでは、法然は吉水に禁足、親鸞は自宅に禁足になっていた時期があった。その間、吉水のようすを親鸞に伝えたのが性信だったのではないかとわたしは推察している。そのころから、性信は親鸞に従う決意をしていたのではないだろうか。

宇都宮頼綱《うつのみやよりつな》がどの時点で関わるようになったのかは、明らかではないが、東国での布教を親鸞に要請したのは、宇都宮頼綱だと思われる。

蓮生《れんしょう》という法名をもつ宇都宮頼綱は、下野《しもつけ》の宇都宮を本拠とする大豪族で、常陸《ひたち》にも勢力を広げていた。熊谷直実《くまがいなおざね》を通じて法然の弟子となっていた頼綱は、和歌を通じて藤原定家とも交流していた文化人だった。

流罪が解けたとはいえ、京での布教は困難だと思われていた。法然の側近であった源智《げんち》という弟子が、吉水に法然の廟《びょう》を設けて守っていたが、何度も比叡山からの弾圧を受けていた。源智が守り抜いた吉水の地に知恩院《ちおんいん》が建立《こんりゅう》されるのは、のちのことだ。

さらに九条兼実のもとに通って法然の教えを伝えていた証空《しょうくう》が、かつては親鸞の師であった慈円《じえん》の庇護を受けて、天台宗と融合することで浄土の教えを伝え、のちに京の西山の善峰寺《よしみねでら》に移って浄土宗を弘めることになる。

下野や常陸に勢力をもつ宇都宮頼綱としては、東国に浄土の思想を広めることで、源平合戦のあとの混乱が残っている東国の配下の武士や領民たちを安堵させたいという思いがあったのではないだろうか。

親鸞としても、師の法然のいない京には、未練はなかったはずだが、教えを広めるということにも、当初はそれほどの意欲はなかったのではないかと思われる。九歳で仏門に入り、勉学にいそしんできた親鸞にとっては、仏教経典が手元にない流刑の期間を無為に過ごしたことが、心残りだったと思われる。

国府の近くには国分寺や一の宮があり、そこには一切経があったはずだが、流刑となった罪人だから、そういうところに出入りすることも許されなかった。

性信が奔走して、宇都宮頼綱の領地のある常陸の下妻《しもつま》という地に、親鸞の草庵を作るという手筈《てはず》になった。鬼怒川《きぬがわ》というゆるやかな流れがあり、水運が盛んだった。船に乗れば、時間はかかるが鹿島神宮《かしまじんぐう》に行くことができる。性信は神官の息子だから、神宮にある一切経を書写して、必要な経典を親鸞に届けることができる。

下妻の草庵で、親鸞は生涯の大著、『教行信証《きょうぎょうしんしょう》』の執筆を開始する。これは浄土の教えの集大成ともいうべきもので、さまざまな経典や論書からの引用をまじえながら、阿弥陀仏の本願によって、すべての民が救われるという世界観を、客観的に論証しようとする試みだった。

親鸞が居住していた越後には、善光寺の勧進僧《かんじんそう》が寄進を求めて巡回していた。恵信尼が管理する領地にも訪ねてきたはずで、知り合いになっていたのだろう。親鸞はそうした勧進僧に頼んで、善光寺までの道案内をつとめてもらった。妻と幼い子どもを連れての旅だったので、各地の寺院に滞在しながらの、のんびりした旅だったと思われる。

善光寺の宿坊で、下妻での準備を終えた性信と合流した。そこからは性信が道案内をつとめた。

こうして親鸞は東国での活動を始める。

当初は性信が届けてくれる経典を読みながら、必要な箇所を引用して、『教行信証』を執筆するという作業に没頭していた。正式のタイトルは『顕浄土真実教行証文類《けんじょうどしんじつきょうぎょうしょうもんるい》』というこの著作は、当初は自分だけの心覚えのために書かれたものだと考えられる。『歎異抄』のような古文ではなく、すべてが漢文で書かれている。

この著作が『教行信証』と呼ばれるのは、その内容が次のようになっているからだ。

教……学ぶべき教えとは何か。
行……為すべき行いとは何か。
信……往生への道をいかに信ずるか。
証……悟りの境地をいかに証《あか》すか。

おそらく当初はその四巻を書くつもりだったのだろうが、のちに真仏土巻《しんぶつど》と化身土巻《けしんど》が追加された。阿弥陀さまのおられる真実の浄土と、その周辺にある化身の仏さまがおられる化身土については、本文の中で解説したのでここではくりかえさない。

東国の信徒たち

すでに述べたように、東国の各地には善光寺《ぜんこうじ》の勧進僧《かんじんそう》が寄進を求めて巡回していた。

善光寺は天台宗の寺なのだが、ご本尊は秘仏の阿弥陀三尊像だ。勧進僧が笈《おい》の中に入れている模造仏で、民衆の多くは阿弥陀三尊像を目にしていた。阿弥陀さまというお名前も知れ渡っていたものと思われる。

親鸞の教えは、仏像を拝むというものではない。ただ念仏を唱える。そのことにどのような意義があるかについては、説明が必要だ。

法然の場合は、比叡山で三十年にわたって修行した高僧であるから、最初から信用があった。

親鸞の場合は、流刑となった罪人であるし、東国に来ても、その名を知る者はいない。ただ下野や常陸に大きな勢力をもっている宇都宮頼綱が支援していることは知られていたはずだから、京から出向いてきた偉い聖人《しょうにん》であるということは、伝わっていたのだろう。やがて親鸞のもとを訪ねて、信徒となる者も出てきた。

浄土真宗《じょうどしんしゅう》というと戦国時代の一向一揆《いっこういっき》のイメージがあり、それが江戸時代の百姓《ひゃくしょう》一揆のイメージと重なって、農民の信徒が多かったという誤解があるかもしれない。

確かに親鸞が田植歌を作って教えを説いたという伝説が残っている。伝説によればそれは次のような歌だ。

五劫《ごこう》思惟《しゆい》の苗代《なわしろ》に
兆載永劫《ちょうさいようごう》のしろをして
雑行《ぞうぎょう》自力《じりき》の草を取り
一念帰命《きみょう》の種下ろし
念々相続の水流し
往生の秋になりぬれば
実りを見るこそ嬉しけれ

のちに親鸞は和讃《わさん》と呼ばれる今様《いまよう》形式（七五調のリズムの四行詩）の歌を数多く作っている。この伝説の田植え歌は、行数は異なるが七五調だ。

流罪中の親鸞も、恵信尼の領地を散歩しながら、農民たちにこんな歌を教えたのかもしれない。しかし当時の農民の中には、戦《いくさ》が起これば武器をとって戦う者もいた。また武士として領地をもっていても、農繁期には田植えや刈り取りを指揮するような者もいたはずで、この田植え歌を広めたのも、そういう人々だったのではないかと思われる。

また晩年に描かれた親鸞の画像に、「熊皮御影《くまがわみえい》」（熊皮を敷いた座像）と呼ばれるものがあることから、革細工を作る人々との交流があったのではと言われることもあるが、熊皮は善光寺の勧進僧や山伏の必需品で、皮を敷けばどこでも野宿することができる。親鸞は勧進僧とともに善光寺に赴いているので、そうした旅の必需品を調達し、東国での布教に用いていたのだろう。

親鸞の信徒は、主に武士であり、地元の小領主であったと考えられる。

そもそも武士とは何だろうか。

江戸時代のように、士農工商といった明確な階層が設定されていたわけではない。おそらく日本人が農耕を始めた当初から、穀物の番人みたいな人々がいたのだろう。

漁猟採集《ぎょりょうさいしゅう》の生活ならば、収穫したものはすぐに食べてしまう。番人は不要だ。だが米などの穀物の場合は、収穫した米で翌年まで食いつなぐ必要がある。種籾《たねもみ》も必要だ。つまりどんな貧しい農民でも、収穫直後は資産を有していることになる。

資産があれば盗賊が盗みにくる。番人が必要だ。

農村では、力の強い者を集めて、高床式の穀物倉庫を作り、番人を置いたはずだ。その番人たちがやがて組織されて、地方豪族と呼ばれるものになっていく。その地方豪族が地域ごとにまとまって大豪族になり、国造《くにのみやつこ》と呼ばれる地域の支配者になっていく。

そういう地方豪族を束ねた大きな組織が、朝廷と呼ばれるものになったのだろう。

明日香時代から奈良時代にかけて、律令制度《りつりょうせいど》という規律が生まれ、朝廷から地方に国司《こくし》が派遣された。その下には地元豪族の有力者が郡司《ぐんじ》として配置され、小豪族を束ねていた。

従って、小豪族として地域を支配している小領主は、自らも武士であり、領地を管理するために、配下の武士集団を率いていたと考えられる。

東国の豪族たちは、中央から派遣された国司の配下となっていた。しかし国司の多くは、傍系の藤原氏などの文官なので、実質的には地元豪族の郡司が地方を支配していた。ところが平家の全盛期になると、平家の郎党が国司として派遣されることになった。これは東国の豪族にとっては脅威だった。

豪族たちは荒れ地を開墾して新たな田畑を所有していた。名義を摂関家などにしておけば荘園と認められ、税は軽減される。代わりに摂関家に名義料として金銭や一部の土地を寄進し、自らは荘官となって荘園を管理することになる。このシステムのために、寄進を受ける摂関家は豊かになり、帝王であるはずの皇室には税が入らないということになった。

このシステムを改革したのが崇徳《すとく》院や後白河《ごしらかわ》院の曾祖父《そうそふ》にあたる白河院だった。白河院は兵を有する武士を国司として地方に送り、名義だけの荘園を摘発して、税を取り立てた。そこで台頭したのが伊勢に本拠をもっていた平氏で、水軍を要する彼らは瀬戸内沿岸の地域を支配し、日宋貿易の利権をも掌握することになった。

平氏の総帥《そうすい》の平清盛《きよもり》は太政大臣《だいじょうだいじん》の地位に昇り、公家《くげ》（三位《さんみ》以上の上流貴族）の一員となった。そのため平氏ではなく平家と呼ばれた。そして、全国の半ば以上の地方国に、平氏の郎党が乗り込んでくることになった。

東国の豪族たちはパニックになった。名義だけの荘園を摘発されて、平家の郎党に税を取られることになる。その時、伊豆《いず》に流刑になっていた源頼朝《よりとも》が、突如として伊豆の国司を襲撃した。伊豆や相模の豪族たちは、国司の配下であったから、当初は反逆者の頼朝を捕らえようとしたのだが、船で房総半島に逃れた頼朝が、先祖の源義家《よしいえ》の配下であった千葉一族などに支援されて下総《しもうさ》（千葉県）と武蔵《むさし》（東京都）の国ざかいまで来たころには、東国武者の大半が頼朝側に寝返っていた。頼朝は二十万騎を率いて富士川まで進軍し、平家が率いる朝廷軍を敗走させた。

頼朝は鎌倉に幕府を開き、国司を廃《はい》して、自らが任命した守護《しゅご》と地頭《じとう》によって土地を管理することとなった。

従来のシステムとはまったく異なった新たなシステムとなったため、その移行の段階では混乱が生じた。また多くの小領主は武者として源平合戦に参戦した。その手柄によって所領を拡大する者もあれば、当主が敗死して没落する一族もあった。そういう混乱の中で、配下の武者たちも、一喜一憂することになった。

親鸞が赴いた東国は、そういう混乱がまだ収まりきっていない状況だった。不安が広がり、争いが絶えなかった。土地争いが起こる度に死者が出た。勝った者も、地獄に落ちるのではという恐怖にさいなまれていた。

親鸞の教えは、乾いた土地に慈雨の恵みがあるように、東国武者たちの心をとらえた。

親鸞は東国で多くの弟子を育てた。本拠は下妻から稲田《いなだ》に移し、そこから各地を巡回した。とくに下野《しもつけ》の高田《たかだ》は、第二の拠点となった。

晩年の親鸞

六十歳を過ぎたころ、親鸞は帰京を決意した。高齢であり、広大な東国を巡回することに負担を感じたのかもしれない。足腰が衰える前に生まれ故郷の京に戻りたいという思いが強かったのだろう。恵信尼と五人の子どもたちはすでに越後の領地で生活していた。単身での帰京ということになる。道案内として、蓮位《れんい》と顕智《けんち》という二人の弟子を連れていた。

蓮位は下間宗重《しもつまむねしげ》という下級の武士だった。下妻《しもつま》に領地をもつ一族の出身で、おそらく親鸞が越後から下妻草庵に移った当初から、世話係をつとめていたのだろう。下妻という地名から下間を氏姓としていたが、もとは平家に滅ぼされた源三位《げんざんみ》頼政《よりまさ》の一族であったと伝えられる。親族が京にいて、東海道を往復したことがあった。

顕智は高田の真仏《しんぶつ》の弟子だが、若いころに比叡山で修行をした経験があった。二人とも京の地理に明るいことから、京においても側近として活躍することになる。

帰京した親鸞は、かつての九条兼実邸の一部を借り受けて拠点としたほか、伯父の日野範綱《のりつな》の邸宅や、弟の尋有《じんう》が住職をつとめる押小路《おしこうじ》南万里小路《までのこうじ》東（三条坊門富小路《とみこうじ》と表記されることもあるが同じ区画だ）の善法院《ぜんぽういん》などに住んだ。亡くなったのはこの善法院の一隅だった。

住居がいくつもあったのは、高齢のために、各地から訪ねてくる弟子たちと会うのがわずらわしくなったからかもしれない。あるいは公式の場と私邸とを分けていたのか。

九十歳で亡くなるまでの三十年近くの間、親鸞は『教行信証』の改稿と、和讃などの創作に没頭した。

親鸞の最期を看取《みと》ったのは末娘の覚信尼《かくしんに》だ。

覚信尼は親鸞の遺骨を守り、大谷廟堂《おおたにびょうどう》を開いた。覚信尼は、親鸞の伯父の日野範綱の孫にあたる広綱《ひろつな》と結婚して覚恵《かくえ》を産み、その子の覚如《かくにょ》が、覚信尼が守り抜いた大谷廟堂を寺院として、本願寺の基礎を築いた。また覚如は多くの著作を残して、宗門の基礎を築いた。

すでに述べたように、覚如によって本願寺の第一世は開祖の親鸞と定められた。第二世は長男善《ぜん》鸞《らん》の子息の如信《にょしん》で、覚如は如信から多くの教えを学んだとされる。覚如が著した『口伝抄《くでんしょう》』には、歎異抄と似かよった文章がある。覚如自身は如信から伝えられたとしているのだが、本願寺のごく初期の段階で、親鸞の後継者たちは、歎異抄の作者とされる河和田の唯円と交流があったのではないかと考えられる。

もう一人、唯円と交流があったと考えられる人物がいる。親鸞の孫にあたる唯善《ゆいぜん》だ。覚信尼は最初の夫であった日野広綱が亡くなったあと、小野宮禅念《おののみやぜんねん》と再婚し、唯善を産んだ。この唯善は、唯円の弟子だったのではないかと考えられている。

唯円はしばらく京にいて、覚如と交流があったことは確かだが、晩年に到って下総の関宿《せきやど》（野田市）に常敬寺《じょうきょうじ》を開いたとされる。この寺は室町時代に、京の本願寺に帰順した。

この寺に保存されていた歎異抄が、京に伝えられ、中興の祖の蓮如《れんにょ》の目に留まったのではないかという説がある。

いずれにしても、歎異抄はある時期には、世の中からまったく忘れられていたのだが、蓮如は自ら歎異抄を筆写して、のちの世に伝えた。そしていまわたしたちは、歎異抄を通じて、親鸞の語りを聞くことができる。

思想や教えがのちの世に伝えられるのは、あとから見れば危うい偶然の結果とも思えるのだが、親鸞の教えに従えば、歎異抄がわたしたちに伝えられたのも、すべては阿弥陀さまの思し召《おぼ》《め》しだということになるのではないだろうか。

あとがき

「こころにとどく歎異抄《たんにしょう》」ということで、親鸞の言葉を読者の皆さまにお伝えしてきた。

この本も最後の「あとがき」になったのだが、少し長い文章を書きたいと思う。

歎異抄には親鸞の教えの心髄《しんずい》ともいうべきものが書かれている。心髄だけが投げ出されているようなところもあり、それだけでは充分に伝わらない。そこで各章に解説をつけ、付録として仏教の歴史についても短くまとめてみた。

それでもまだ、充分に語りきれていないという思いが残っている。

たとえば寺院の本堂にご本尊として安置された仏像と、博物館に展示された仏像とでは、同じ仏像でも、何か感じが違うはずだ。

浄土の教えにしても、「生き仏」とされるような高僧が寺院で語るのと、このような本で解説するのとでは、伝わり方が違ってくるだろう。

寺院や教団は、多くの人々が関わる運動体として存在している。そこにいる人々が大切にしている雰囲気があって、その中に仏像が置かれている。その仏像の前で偉大な導師が語るのと、ただ本で読むのとでは、言葉のインパクトは違ってくる。

六字の名号も、仏壇にかけられていれば、パワーをもって人の胸を打つ。

本の中に「南無阿弥陀仏」と書いてあるだけでは、ただの文字の集積でしかない。

京都に行けば、西本願寺と東本願寺がある。東京にも築地本願寺がある。読者の皆さんのお近くにも、寺院がたくさんあるはずだ。

お寺というものは、生きている。長い伝統の中で、伝えられてきたものがある。

そのことは、大事にしなければならない。

それでも、改めて歎異抄を読むと、ただの文字の集積でしかないその文脈の中から、確かに何かが伝わってくる。

そこに親鸞という人が生きていて、どこからか肉声が聞こえてくる。

時空を超えて、生きた親鸞と、同じ空気を吸うことができる。

わたしが皆さんにお伝えしたかったのは、そんな空気のようなものだ。あえていえば、親鸞さんと、皆さんとが、お茶でも飲みながら、差し向かいで話している。そんな感じを、受け止めていただければと思う。

もう一つ、語っておきたいことがある。

わたしたちは宇宙の中で生きている。仏教では十方世界《じっぽうせかい》という、無限に広がった空間に、わたしたちは包み込まれている。

その宇宙には、法則がある。万物はその法則に従って動いている。

現代は科学の時代だ。物理学や化学は、多くの原理を解明してきた。その先に、わたしたちが享受している科学技術による便利で快適な生活がある。

だが、現代の最先端の科学をもってしても、宇宙の始まりについては、何も解明されていない。宇宙がどのようにして誕生し、これからどこに向かっているのか。それは科学がいくら発達しても、永遠に解明されない謎というべきだろう。

ただわかっているのは、宇宙の始まりに、ビッグバンと呼ばれる、光の爆発的な放射があったということだけだ。

それならば、その光の放射を、慈悲の心をもった仏だと考えることもできるのではないか。五劫《ごこう》におよぶ修行の末に、法蔵菩薩が仏となり、その本願のとおりの仏国土が実現した。それがいまの宇宙だとしたら、わたしたちは大いなる安堵《あんど》の中に、仏の思《おぼ》し召《め》しによって恵まれたこの一生というものを、感謝の気持で生きることができるだろう。

この世界に、わたしというものが存在していることを、わたしはありがたいことだと感じている。ビッグバンなどという無機的な爆発ではなく、この宇宙の始まりに、「無限の光」というお名前の仏がおられ、すべてはその仏の慈悲に満ちた本願によって生じたのだと考えれば、わたしたちは勇気をもって生きていくことができる。

念仏は、自分だけが極楽浄土に往生したいという、エゴイズムから生じるものではない。

無限の光、すなわちアミターバというお名前の仏によって創造されたこの宇宙に生まれたことを、心の底から感謝して、そのお名前を、お呼びしたいと思う。

南無阿弥陀仏……と。

著者紹介　**三田誠広**（みたまさひろ）

1948年大阪生まれ。早稲田大学文学部卒。『僕って何』で芥川賞。武蔵野大学教授。日本文藝家協会副理事長。主な作品。『いちご同盟』『道鏡／悪業は仏道の精華なり』『菅原道真／見果てぬ夢』『西行／月に恋する』『聖徳太子／世間は虚仮にして』『白村江の戦い／天智天皇の野望』（以上河出書房新社）、『桓武天皇』『空海』『日蓮』『親鸞』（以上作品社）、『清盛』『夢将軍頼朝』（以上ＰＨＰ文庫）。児童文学『青い目の王子』（講談社）、評論『実存と構造』（集英社新書）『数式のない宇宙論』（朝日新書）など著書多数。

こころにとどく 歎異抄

発行日 2018年2月1日　初版第1刷

著　者　三田誠広
発　行　武蔵野大学出版会
〒202-8585 東京都西東京市新町 1-1-20
武蔵野大学構内
Tel. 042-468-3003　Fax. 042-468-3004

装丁・本文デザイン 三枝未央
編集　斎藤 晃（武蔵野大学出版会）
印刷　株式会社ルナテック

ISBN 978-4-903281-34-6

武蔵野大学出版会ホームページ
http://mubs.jp/shuppan/